Laura Mansen

DER BONDAGE GUIDE

Alle Ratschläge in diesem Buch wurden vom Autor und vom Verlag sorgfältig erwogen und geprüft. Eine Garantie kann dennoch nicht übernommen werden. Eine Haftung des Autors beziehungsweise des Verlags für jegliche Personen-, Sach- und Vermögensschäden ist daher ausgeschlossen.

Email: info@edition-lunerion.de
www.edition-lunerion.de

Psiana eCom UG
Berumer Str. 44
26844 Jemgum

INHALT

Vorwort

Bei „Bondage" denken Sie an „Fifty Shades of Grey" oder Spam-Seiten im Netz? Damit sind Sie meilenweit entfernt von der tiefen Ästhetik und intensiven Verbindung der Fesselkunst! Denn wahres Bondage wie Shibari eröffnet Ihnen eine völlig neue Dimension der partnerschaftlichen Hingabe – und dieser Ratgeber zeigt Ihnen, wie das geht!

Sowohl Bondage als auch Shibari stellen das freiwillige Fesseln-Lassen eines Menschen durch einen Partner in den Mittelpunkt und bei beiden Praktiken gilt: Absolutes Vertrauen ist die unverzichtbare Voraussetzung. Während beim Bondage der sexuelle Aspekt im Vordergrund steht und durch das erotische Spiel mit Unterwerfung, Dominanz und Kontrolle die Lust gesteigert werden soll, liegt die Betonung bei der uralten japanischen Fesselkunst verstärkt auf Ästhetik, Kreativität und sinnliche Hingabe. Beides kann Ihrer Partnerschaft einen ganz neuen Horizont aus Verbindung, Leidenschaft und Lebendigkeit verleihen, wozu Sie in diesem Buch alltagstaugliche Anleitungen finden. Von optimalem Setting und körperlich-seelischen Voraussetzungen über Knotentechnik und Fesselpositionen bis hin zu Techniken, Sicherheitsaspekten und Materialien erfahren Sie hier detailliert alles, was Sie für gelungene gemeinsame Bondage-Erfahrungen wissen müssen.

Verstrickungen der Leidenschaft

Die Kunst des Shibari und Bondage ist ein einzigartiges und fesselndes Universum, das die Menschen auf eine kreative und tiefgreifende Art und Weise miteinander verbindet. Dieses Buch öffnet Ihnen die Tür zu einem faszinierenden Reich, in dem Seile, Riemen, Manschetten und Co. nicht einfach nur Werkzeuge des Fesselns sind, sondern vielmehr ein Ausdrucksmittel für Hingabe, Vertrauen, Ästhetik und künstlerischen Ausdruck.

Die Welt des Shibari und Bondage ist immer noch von zahlreichen Stereotypen, Vorurteilen und Missverständnissen umgeben. Dieses Buch ist eine Einladung dazu, die ästhetischen Kunstformen in ihrer gesamten Vielfalt und Tiefe kennenzulernen sowie die zahlreichen Dimensionen und Perspektiven der Fesselkunst, jenseits ihrer oberflächlichen Wahrnehmung, zu entdecken.

Hinweis: In diesem Buch finden Sie einen QR-Code, der Sie zu einer Audiodatei führt. Falls Sie keine Möglichkeit haben, den QR-Code zu scannen, können Sie die Datei auch über diesen Link finden:
https://bit.ly/4djsOME

I. Einführung in Shibari

WAS IST SHIBARI/BONDAGE?

In der heutigen modernen Gesellschaft, die von Schnelllebigkeit, Hektik, permanenter Erreichbarkeit und raschem Wandel geprägt ist, sehnen sich viele Menschen nach einer Gelegenheit, dem täglichen Trubel und Stress des Alltags zu entfliehen und tiefere Verbindungen einzugehen. Für viele Menschen sind dabei die faszinierenden Praktiken Shibari und Bondage eine einzigartige Möglichkeit, dies zu erreichen und die Welt der Erotik, Intimität und Ästhetik auf eine kunstvolle Art und Weise zu erkunden.

Shibari und Bondage sind Kunstformen des kreativen Ausdrucks und der körperlichen Hingabe, die weit über die herkömmlichen Vorstellungen von Sexualität und Intimität hinausgehen. Sie verweben kunstvolles Fesseln, Hingabe und Dominanz auf eine einzigartige Weise miteinander und schaffen gewissenhafte Choreografien aus Seilen, Knoten und gegenseitigem Vertrauen. Inmitten der ästhetischen Darstellungen und eindrucksvollen Knoten offenbaren Shibari und Bondage eine tiefgehende Erfahrung, die die Grenzen von Körper, Geist und Seele durchbrechen und die Geheimnisse des kunstvollen Fesselns enthüllen.

Obwohl die beiden Begriffe Shibari und Bondage mit dem Akt der Fesselung in Verbindung stehen, haben beide Termini ihre eigenen einzigartigen Bedeutungen und Aspekte.

Der Begriff Bondage bezieht sich auf sexuelle Fesselungspraktiken, bei der eine Person gefesselt wird, um ihre sexuelle Lust und Erregung durch die Empfindung von Kontrollverlust und Hilflosigkeit zu steigern. Neben den traditionellen Hilfsmitteln, wie Seilen, Bändern oder Handschellen, werden zum Fesseln häufig auch Alltagsgegenstände, wie Klebeband oder Frischhaltefolie, verwendet.

Bondage wird oftmals als Teil von BDSM-Praktiken eingesetzt und mit Anwendungen aus dem Spektrum der BDSM-Vorlieben kombiniert. BDSM ist ein Sammelbegriff für eine Gruppe von sexuellen Präferenzen, die unter anderem mit Unterwerfung, Dominanz und Bestrafung in Zusammenhang stehen. Die Abkürzung BDSM ist dabei ein Akronym für

- Bondage and Discipline,
- Dominance and Submission und
- Sadism and Masochism

und kann im Deutschen mit

- Fesselung und Disziplin,
- Dominanz und Unterwerfung und
- Sadismus und Masochismus

übersetzt werden.

Shibari ist eine Kunst der ästhetischen und erotischen Fesselung und eine spezielle Form des Bondage, die ihren Ursprung in Japan hat. Die Wurzeln des Shibari reichen dabei bis in die Edo-Zeit Japans zurück, die von 1603 bis 1868 andauerte. Im Kontrast zum rein sexuellen Aspekt des Bondage steht hierbei die künstlerische und ästhetische Dimension des Fesselns im Vordergrund, bei der die Knotentechniken oftmals kunstvoller und komplexer gestaltet sind und das Fesseln selbst als Form erotischer Kunst und ästhetischen Vergnügens betrachtet wird.

Durch die Erstellung von komplexen Knotenmustern betont Shibari die Linien des Körpers und hebt die Schönheit unterschiedlicher Muster und Formen hervor. Dabei erfordert Shibari Präzision und Geschicklichkeit, schafft gleichzeitig aber auch ein Gefühl der Geborgenheit und kann damit eine tiefe Verbindung zwischen den Beteiligten schaffen. Genau wie das Bondage gehört auch Shibari zu den Praktiken des BDSM, das eine einzigartige Möglichkeit eröffnet, sowohl körperliche Schönheit und Intimität miteinander zu verbinden als auch sexuelle Erregung und ästhetische Befriedigung zu finden.

Bondage und Shibari sind zwei faszinierende Praktiken und geheimnisvolle Schlüssel, um die Welten der körperlichen Hingabe und leidenschaftlichen Erotik zu erkunden und in die Kunst des sinnlichen Fesselns einzutauchen. Nichtsdestotrotz unterscheiden sich beide Ansätze in Bezug auf Herkunft und kulturellen Hintergrund, Stil und Ästhetik sowie Techniken und Materialien.

Während sich die Wurzeln des klassischen Shibari nach Japan zurückverfolgen lassen, wo sich die kunstvolle Praktik im Laufe der Jahrhunderte entwickelt hat, hat das westliche Bondage seine Wurzeln in der westlichen BDSM-Kultur, die während des 20. Jahrhunderts entstanden ist. Im traditionellen Sinne wurde Shibari für viele unterschiedliche Zwecke verwendet, zu denen beispielsweise das Fesseln von Gefangenen und die Sicherung von Frachten gehören, bevor es sich im Laufe der Zeit zu einer Kunstform sowie einem Ausdruck von erotischer Fesselung weiterentwickelt hat. Im Gegensatz dazu wurde das westliche Bondage von verschiedenen kulturellen Einflüssen geprägt, zu denen unter anderem die Werke von Bondagekünstler und Pionier der Fetischfotografie des 20. Jahrhunderts John Willie (1902–1962) gehörten, und entwickelte sich deshalb ganz unabhängig von der traditionellen japanischen Praktik.

Beim klassischen Shibari stehen die ästhetische Darstellung und der künstlerische Aspekt des Fesselns und der Knotentechniken im Vordergrund, wobei die Seilkunst häufig als Form erotischer Kunst angesehen wird, die Körperlinien betont, kunstvolle Muster, Formen und Posen kreiert und ein Gefühl der Geborgenheit schafft. Demgegenüber ist das westliche Bondage in seiner Ästhetik variabler und kann sich weniger auf die visuelle Ästhetik konzentrieren, seinen Fokus stattdessen aber auf die Funktion des Fesselns legen und damit die sexuelle Erregung steigern. Trotzdem finden sich auch im westlichen Bondage viele Menschen wieder, die ästhetische Komponenten der Fesselung in ihre Praktiken integrieren.

In der Regel werden beim Shibari spezielle japanische Seile aus Naturfasern, wie Jute, Baumwolle oder Hanf, zum Fesseln verwendet, wobei die Knotentechniken häufig komplex sind und deshalb einen gewissen Grad an Präzision und Geschicklichkeit erfordern. Im Kontrast dazu wird im Bondage eine große Bandbreite unterschiedlicher Materialien verwendet, zu denen etwa Bänder, Handschellen, synthetische Seile oder andere Gegenstände gehören. Dabei können die genutzten Techniken variieren und sind weniger stark an traditionelle Knotenmuster gebunden als bei Shibari.

Darüber hinaus zielt Shibari nicht nur auf sexuelle Erregung ab, sondern kann auch eine emotionale oder spirituelle Komponente haben und zum Beispiel praktiziert werden, um zwischen den Beteiligten eine tiefere Verbindung herzustellen. Die erotische Fesselkunst, die nicht nur aus sexuellen oder künstlerischen Beweggründen ausgeübt wird, sondern auch aus sportlichen oder therapeutischen Motiven hervorgeht, setzt ein enormes Maß an gegenseitigem Vertrauen voraus, das insbesondere die gefesselte Person für seinen Partner empfinden muss. Bondage ist hingegen ein Spiel mit Kontrolle und Macht innerhalb einer reizvollen BDSM-Dynamik, dessen Hauptziel zumeist einzig und allein die sexuelle Erregung ist.

In der Summe vereinen sowohl Shibari als auch Bondage viele Stile und unterschiedliche Variationen, wobei die Praktizierenden oftmals einzelne Elemente beider Ansätze in ihre individuelle Fesselungsdynamik einbinden und somit ihr ganz persönliches Fesselerlebnis schaffen. Außerdem sind die Unterschiede zwischen Shibari und dem westlichen Bondage letztendlich immer auch eine Frage von kulturellen Einflüssen und der individuellen Präferenz. Grundvoraussetzung beider Praktiken ist jedoch immer das ausdrückliche Einverständnis aller Beteiligten und das Verständnis sowie die Kommunikation der eigenen Bedürfnisse und Grenzen.

Die Bedeutung von Seilen und Fesseltechniken in der japanischen Kultur

Seile und Fesseltechniken haben in der japanischen Kultur eine lange und reiche Geschichte und Bedeutung, die über erotische Praktiken hinausgeht und von praktischen Anwendungen bis hin zur Ästhetik reicht. Das Seil war in Japan schon immer von zentraler Bedeutung und wurde bereits während der Jomon-Kultur (ab etwa 10.000 v. Chr.) als Dekorationsinstrument verwendet.

Exkurs: Jomon-Kultur

Die Jomon-Kultur bzw. die Jomon-Zeit beschreibt den Beginn der Entstehung menschlicher Kultur auf den Inseln Japans. Sie ist für ihre einzigartige Kultur und Töpferei sowie für die Lebensweise als Sammler, Jäger und Fischer bekannt. Trotz archäologischer Funde bleibt die zeitliche Einordnung der Jomon-Kultur bis heute umstritten. Einige Wissenschaftler datieren sie auf die Zeit von etwa 10.000 v. Chr., während andere den Zeitraum zwischen dem 5. und 3. Jahrhundert v. Chr. favorisieren. Die

Jomon-Kultur hatte einen bedeutenden Einfluss auf die Entwicklung der japanischen Kultur und Gesellschaft.

In dieser Zeit wurden Keramiken hergestellt, für die unterschiedlich dicke Schnüre genutzt wurden, um Muster in feuchten Ton zu drücken. Außerdem wurden Seile zum Flechten von Sandalen, zum Verpacken von Dingen, zum Zusammenbinden von Bambusstangen zu Zäunen und zur Befestigung von einzelnen Rüstungsteilen der Krieger gebraucht. Aufgrund des Eisenmangels im Land wurden Gefangene zudem häufig mit Seilen anstatt mit Eisen gefesselt.

In der japanischen Geschichte blicken Seile auf vielseitige Verwendungsmöglichkeiten zurück und wurden so etwa für die Sicherung und das Binden von Waren und anderen Gegenständen verwendet. Außerdem wurden Seile in der Landwirtschaft gebraucht, um Erntegut und Reisbündel zu sichern, wohingegen sie im Alltag zum Bauen von traditionellen Häusern verwendet und als Werkzeug für Handwerker und Fischer genutzt wurden, bevor sie sich mit den Jahren zu einem besonderen Tool der eigenständigen Kunstform Shibari weiterentwickelten.

Im Laufe der Zeit entwickelten sich in Japan aus traditionellen Formen immer speziellere Fesseltechniken, bei denen Seile stetig zu zunehmend kunstvolleren Mustern gebunden wurden. Diese Techniken wurden dann nicht nur in kriegerischen Auseinandersetzungen eingesetzt, sondern auch im damaligen Strafsystem. Dadurch entstand zum Beispiel innerhalb des Kampfsystems der Ninja, das als Ninjutsu bezeichnet wird, die Technik des Hojojutsu, die eine schnelle und zugleich effektive Methode ist, um einen Gegner mithilfe von Seilen bewegungsunfähig zu machen. Aus diesem Grund war es weiterhin naheliegend, Fesseltechniken irgendwann mit der Erotik zusammenzuführen. Das Bild des gefesselten und wehrlosen Opfers, das sexuellen Übergriffen wehrlos ausgeliefert war, wurde in Japan sogar teilweise in Theaterstücken dargestellt. Auf diesem Weg wurde der Themenkomplex zu einem wichtigen Teil von Kultur und Geschichte, der die Verbindung zwischen Fesselung und Erotik geprägt hat.

Auf einen Blick: Shibari und Bondage

- Shibari und Bondage als Kunstformen des kreativen Ausdrucks und der körperlichen Hingabe
- einzigartige Verwebung von kunstvollem Fesseln, Hingabe und Dominanz
- Bondage bezieht sich auf sexuelle Fesselungspraktiken zur Steigerung der sexuellen Lust und Erregung durch Kontrollverlust und Hilflosigkeit
  – Funktion des Fesselns im Vordergrund, um sexuelle Erregung zu steigern
  – große Bandbreite unterschiedlicher Materialien, z. B. Bänder, Handschellen, Seile
  – Spiel mit Kontrolle und Macht innerhalb einer BDSM-Dynamik
- Shibari als ästhetische und erotische Fesselung mit Ursprung in Japan
  – künstlerische und ästhetische Dimension des Fesselns im Vordergrund
  – oftmals komplexere und kunstvollere Knotentechniken
  – Fesseln als Form erotischer Kunst und ästhetischen Vergnügens
  – kann emotionale, spirituelle, sportliche oder therapeutische Komponente haben
  – Verwendung spezieller japanischer Seile aus Naturfasern, z. B. Jute oder Hanf
- Seile und Fesseltechnik blicken in Japan auf lange und reiche Geschichte zurück, wurden z. B. genutzt für: Frachtensicherung, Binden von Waren, Sicherung von Ernte, Dekoration, Befestigung von Rüstungsteilen, Fesselung von Gefangenen

DIE GESCHICHTE DES SHIBARI

Die Geschichte des Shibari ist reich an ästhetischen, kulturellen und sinnlichen Entwicklungen und ist tief in der Kultur Japans verankert. Die Wurzeln des Shibari reichen bis in die Edo-Zeit Japans zurück, die von 1603 bis 1868 andauerte. Die Edo-Zeit wurde nach der Stadt Edo benannt, die heutzutage unter dem Namen Tokio bekannt ist. Die historische Periode der Edo-Zeit zeichnete sich als eine der längsten Epochen des Friedens und gleichzeitig der politischen Stabilität in der Geschichte Japans aus.

Exkurs: Edo-Zeit

Im Jahr 1603 wurde unter der Herrschaft von Tokugawa Ieyasu, dem dritten der drei Reichseiniger (Generale) des feudalen Japans, der im selben Jahr zum Shogun (japanischer Militärtitel) ernannt wurde und somit im Feudalsystem als Oberbefehlshaber galt, das Tokugawa-Shogunat gegründet. Das Tokugawa-Shogunat war eine militärische Regierungsform zur Edo-Zeit in Japan, die 265 Jahre lang andauerte.

Die Edo-Zeit war eine friedliche Epoche, die sich durch Beständigkeit, wirtschaftliches Wachstum, Urbanisierung, die Abschottung Japans von der Außenwelt, eine strenge soziale Ordnung und die Begeisterung an Kultur und Kunst auszeichnete. Durch die Zentralisierung der politischen Macht Japans gelang es dem Tokugawa-Shogunat, das politische Zentrum von Kyoto nach Edo zu verlagern und dadurch eine große Kontrolle der Shogune über das Land zu garantieren.

Außerdem wurde die japanische Gesellschaft zur Edo-Zeit in ein Ständesystem mit vier Hauptklassen gegliedert, das heutzutage mit dem Begriff *shi-no-ko-sho* bezeichnet wird:

- Samurai,
- Bauern,
- Handwerker und
- Händler.

Shi beschreibt dabei die adelige Kriegerklasse der Samurai, denen es als einzige Menschen vorbehalten war, ein Katana-Schwert (japanisches Langschwert) zu tragen. Die Samurai waren die einzige Klasse, die einen Familiennamen hatten, wohingegen dieses Privileg Bauern, Handwerkern und Händlern nicht zustand.

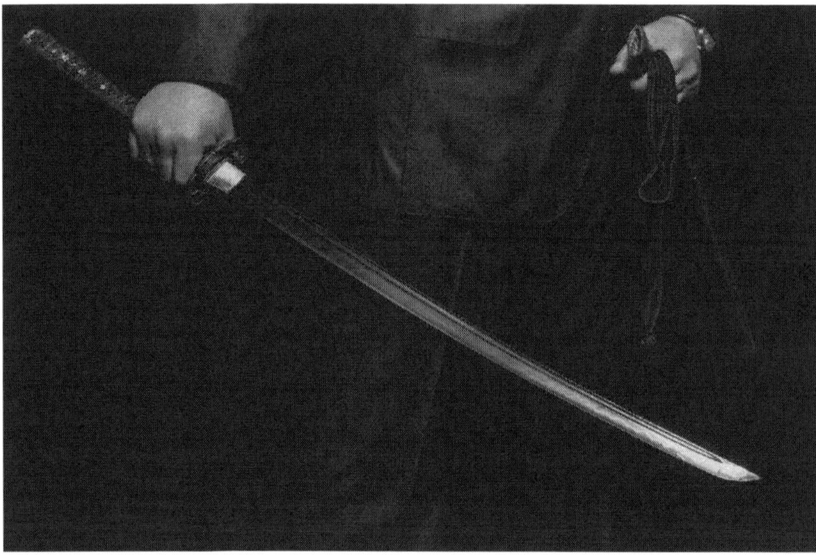

No steht für die Bauernschicht, die im Japanischen auch als hyakushô bekannt ist. Obwohl die Bauernschicht über den Handwerkern und Händlern stand, waren die Menschen in dieser Klasse oftmals sehr arm, mussten gleichzeitig aber hohe Steuern zahlen.

Ko bezeichnet die Handwerker, die einen höheren Nutzen für die Gesellschaft hatten als die Händler und Ladenbesitzer, die im Ständesystem als *sho* bezeichnet wurden. Die *sho* waren wiederum am niedrigsten eingestuft, führten zumeist jedoch ein sehr üppiges Leben.

Neben den vier Klassen des japanischen Ständesystems gab es zur Edo-Zeit außerdem noch zwei weitere Klassen: die *eta* und die *hinin*.

In der Klasse der *eta* wurden alle Menschen zusammengefasst, die als unsauber betrachtet wurden und sich gegen das Shogunat auflehnten.

Sie wurden in allen Bereichen des Lebens diskriminiert und ihre Berufsauswahl war stark eingeschränkt, sodass sie oftmals Berufungen im Strafvollzug, in einer Metzgerei oder in der Ledergewinnung und -verarbeitung nachgingen.

Im Gegensatz dazu waren Menschen, die den *hinin*-Status („Nicht-Menschen“) hatten, verurteilte Kriminelle, Blinde, Menschen mit Behinderung, Leprakranke (Lepra ist eine durch Bakterien verursachte chronische Infektionskrankheit) und Verstoßene. Menschen, die in die Klasse der *hinin* eingeordnet wurden, war es jedoch möglich, den *hinin*-Status durch die Genehmigung der Behörde oder der eigenen Familie wieder abzulegen und in die eigentliche Klasse zurückzukehren. Voraussetzung dafür war jedoch, dass man der Klasse der *hinin* noch nicht länger als zehn Jahre angehörte und nicht in diesen Stand hineingeboren wurde.

Das Klassensystem der Edo-Zeit wurde mit dem Sturz des Shoguns im Jahre 1867 aufgehoben und alle Menschen wurden fortan als gleich betrachtet. Nichtsdestotrotz hielt die soziale Diskriminierung der Menschen in der *eta*-Klasse weiterhin an, wobei sich Spuren der Diskriminierung auch heute noch vereinzelt wiederfinden lassen.

Die Edo-Zeit war eine wichtige Ära in der japanischen Geschichte, die von herausragender Bedeutung für die Geschichte des Landes ist. Neben dem wirtschaftlichen Aufschwung Japans und der Entwicklung des Klassensystems bildete sich auch die Kunst des Seilfesselns in dieser Epoche heraus, die ursprünglich für praktische Zwecke, wie der Frachtensicherung oder dem Binden von Gefangenen, gedacht war.

Die Entwicklung der Seilfesselung

Das Seilfesseln entwickelte sich im Laufe der Zeit also von einer pragmatischen Notwendigkeit zu der eigenständigen Kunstform Shibari und fand somit sukzessiv Eingang in intime Beziehungen. Handwerker und Künstler begannen zunehmend, die Ästhetik der Fesselungen zu erkennen und zu schätzen, und schufen immer mehr kunstvolle Shibari-

Darstellungen in Gemälden und Holzschnitten. In diesen Kunstwerken spiegelte sich die visuelle Schönheit des Fesselns am menschlichen Körper wider, wobei gleichzeitig die ästhetischen Komponenten der Seilpraxis betont wurden. Dadurch gelang es der Fesselkunst, die Verbindung von Ästhetik und Erotik in der zeitgenössischen Shibari-Praxis in den Mittelpunkt zu rücken und dabei die Knotenkunst sowie die visuelle Schönheit der Seilführung hervorzuheben.

Heutzutage wird die ästhetische Kunstform Shibari auf der ganzen Welt praktiziert und es gibt unzählige Workshops, Schulen und Lehrer, die die Techniken des Shibari vermitteln. Einige Menschen verwenden Shibari zudem als einen Weg, um sich selbst besser kennenzulernen und sich selbst auszudrücken. Indem Praktizierende ihre eigenen Grenzen erforschen, komplexe Techniken erlernen und die Bindung und Freiheit von Shibari erleben, können sie tiefgreifende Erkenntnisse über ihre eigene Persönlichkeit gewinnen.

Außerdem steht Shibari eng mit der BDSM-Kultur in Verbindung und wird oftmals als Bestandteil dieser Praktiken angesehen. Allerdings hat Shibari die Sichtweise auf das westliche Bondage als rein sexuelle Praxis beeinflusst und erweitert, da sie sich heutzutage als reine Kunstform, deren Fokus auf der visuellen Ästhetik des Seilfesselns liegt, etabliert hat. Das hat dazu geführt, dass die Shibari-Ästhetik und ihre Techniken von einigen modernen Bondage-Praktizierenden in ihre Praktiken integriert wurden und diese somit kunstvolle und ästhetisch ansprechende Bindungen schaffen konnten.

Darüber hinaus legt Shibari großen Wert auf die sichere Anwendung von Seilfesselungen und die korrekte Ausführung von komplexen Knotentechniken, wodurch zunehmend Aufmerksamkeit und Achtsamkeit für die Sicherheitsstandards und das technische Wissen in der gesamten Bondage-Szene geschaffen wurde. Neben dem technischen Aspekt und den Sicherheitsstandards haben die Einflüsse des Shibari zudem dazu geführt, dass viele Fesselungen in der modernen Bondage-Praxis heutzutage ästhetischer gestaltet werden und die Schönheit sowie die visuelle Ästhetik des menschlichen Körpers betont wird.

Die Verbreitung von Shibari auf der ganzen Welt hat außerdem kulturelle Einflüsse zwischen unterschiedlichen Bondage-Szenen hervorgebracht, da die Shibari-Techniken zur internationalen Weiterentwicklung und Vermischung von Bondage-Praktiken beigetragen haben.

Zuletzt konnte Shibari im Laufe der Zeit dazu beisteuern, das Verständnis von Bondage als rein sexuelle und somit physische Praxis zu erweitern und auch die emotionalen und spirituellen Aspekte der Praxis hervorzuheben. Durch die Einbettung von Shibari-Techniken und seinen Philosophien gelang es einigen modernen Bondage-Praktizierenden, ein tieferes Vertrauen herauszubilden, Intimität zu erkunden und eine spirituelle Verbundenheit innerhalb der Praktiken zu erleben.

Die Beziehung zwischen dem westlichen Bondage und Shibari ist vielfältig und hat zu einem beachtlichen kulturellen Austausch innerhalb der Szene sowie zur Weiterentwicklung ästhetischer und erotischer Bindungen und Fesselungen beigetragen, die sich immer größerer Popularität erfreuen.

SICHERHEIT UND EINVERNEHMLICHKEIT

Sicherheit und Einvernehmlichkeit sind zwei zentrale Grundpfeiler in der Shibari-Praxis, die sicherstellen, dass alle Beteiligten eine sichere und positive Erfahrung haben. Im Allgemeinen gibt es zwei grundlegende, unterschiedliche Konzepte, die die Werte und Prinzipien der BDSM-Gemeinschaft beschreiben. Diese beiden Ansätze sind:

- SSC – Safe (sicher), Sane (vernünftig), Consensual (einvernehmlich) – und
- RACK – Risk-Aware (risikobewusst), Consensual (einvernehmlich), Kink (Neigung).

Der Safe-Sane-Consensual-Ansatz wird als Grundprinzip des BDSM betrachtet, da es ein größtenteils unumstrittenes moralisches Fundament beschreibt. Dabei legt das Safe-Prinzip nahe, dass alle BDSM-Aktivitäten sicher (safe) praktiziert werden müssen, um Verletzungen oder sogar bleibende Schäden zu vermeiden. Voraussetzungen dafür sind wiederum die Kenntnis sowie die Anwendung sicherer Praktiken und die Verwendung von geeigneter Ausrüstung.

Im Fesselkontext steht „sane“ dafür, dass alle beteiligten Personen bei klarem Verstand sind und in der Lage sein müssen, rationale Entscheidungen zu treffen.

Außerdem ist die Zustimmung aller Beteiligten von entscheidender Bedeutung, damit die Praktiken einvernehmlich (consensual) sind. Demnach müssen alle Parteien einvernehmlich und freiwillig an den Fesselpraktiken teilnehmen und die Aktivitäten zu jedem Zeitpunkt beenden können.

Im Gegensatz zum Safe-Sane-Consensual-Ansatz betont der RACK-Ansatz, dass alle BDSM-Praktiken inhärente Risiken, die physischer, psychologischer oder emotionaler Natur sein können, haben können. Deshalb liegt der Fokus beim Risk-Aware-Prinzip des RACK-Ansatzes vielmehr auf einem informierten und bewussten Risikoumgang und weniger darauf, absolute Sicherheit zu garantieren.

Genau wie im Safe-Sane-Consensual-Ansatz sollte die Zustimmung aller Beteiligten (consensual) auch beim RACK-Ansatz oberste Priorität sein. Im Zuge dessen ist es wichtig, dass sich alle Beteiligten potentieller Risiken bewusst sind und an den Aktivitäten einvernehmlich teilnehmen.

Das dritte Prinzip des RACK-Ansatzes (Kink) bezieht sich auf die Bandbreite der BDSM-Neigungen und hebt dabei hervor, dass diese Praktiken Ausdruck von individuellen Vorlieben und sexuellen Orientierungen sind.

Der Hauptunterschied zwischen dem SSC- und dem RACK-Ansatz liegt also in der jeweiligen Herangehensweise an die Risiken. Während der Safe-Sane-Consensual-Ansatz Vernunft und Sicherheit betont und Risiken möglichst minimieren möchte, stehen beim RACK-Ansatz die Anerkennung sowie der bewusste Umgang mit den Risiken im Vordergrund, wobei das Einvernehmen aller Beteiligten bei beiden Ansätzen zentral ist.

Grundvoraussetzung jeglicher Bondage- und Shibari-Praktiken ist also eine eindeutige Einwilligung, die nicht verhandelbar ist. Welche der beiden Philosophien Sie bei Ihrer eigenen Praxis verfolgen möchten, ist Ihnen überlassen und nur Sie können entscheiden, welcher Weg der richtige für Sie ist. Neben den grundlegenden Konzepten der BDSM-Praktik gibt es aber auch noch weitere zentrale Aspekte, die Sie vor, während und nach der Shibari-Praxis beachten sollten.

Vor der Shibari-Praxis

Einen genauso großen Stellenwert wie die eindeutige Einwilligung bei der Shibari-Praxis nimmt eine klare Kommunikation zwischen den beteiligten Personen ein. Dazu zählt nicht nur die ausdrückliche Zustimmung zu den Aktivitäten, sondern auch die Festlegung von Grenzen und die Möglichkeit, dass jeder Beteiligte seine individuellen Präferenzen und eventuelle Bedenken frei äußern kann. Die offene Kommunikation über Wünsche, Bedürfnisse, Fantasien, bisherige Erfahrungen und Sorgen sollte dann während der gesamten Sitzung aufrechterhalten bleiben.

Einige Shibari-Praktizierende haben es sich zu eigen gemacht, vor der Sitzung eine Checkliste zu den jeweiligen Wünschen und eigenen Erfahrungen durchzugehen oder diese sogar formell und schriftlich festzuhalten. Diese Art der Absprache eignet sich vor allem für die Menschen, denen es schwerfällt, offen über ihre eigenen Fantasien zu sprechen. Außerdem hilft eine solche Checkliste, die Bedürfnisse und Wünsche des Partners besser zu verinnerlichen.

Bevor die Fesselspiele beginnen, sollten sich alle Praktizierenden über die Sicherheitsmaßnahmen und anatomischen Grundlagen informieren, verschiedene Seiltechniken und Knoten lernen sowie sich über sichere Materialien, wie zum Beispiel eine stabile Verbandsschere mit abgerundeten Ecken oder einen größeren Gurtschneider, zum Fesseln erkunden. Hierfür bietet es sich zum Beispiel an, an Workshops teilzunehmen, Fachliteratur zu studieren und korrekte Techniken zu erlernen, um Risiken und Verletzungen zu minimieren.

Grundsätzlich sollte sowohl der Gefesselte, der auch als Bottom, Passiver oder Sub bezeichnet wird, als auch der Fesselnde, der auch Top, Aktiver oder Dom genannt wird, in guter körperlicher Verfassung sein. Aus diesem Grund ist es wichtig, körperliche Einschränkungen und gesundheitliche Bedenken vor der Shibari-Praxis zu besprechen, um sicherzustellen, dass das Fesseln sicher ausgeführt werden kann. Bei vorliegenden Gesundheitsproblemen, wie zum Beispiel Asthma, Allergien oder Kreislaufschwäche, können dann entsprechende Vorkehrungen bei der Vorbereitung getroffen werden und die Fesselart an den Gesundheitszustand des Gefesselten angepasst werden. Alkohol, Drogen und bestimmte Medikamente sind mit dem sicheren Fesseln zudem unvereinbar und sollten im Zuge der Shibari-Praxis nicht konsumiert bzw. zugeführt werden.

Für den Umgang mit Problemen oder Notfällen sollten alle Beteiligten vor einer Shibari-Sitzung einen klaren Notfallplan erstellen, der zum Beispiel Kenntnisse zu grundlegenden Erste-Hilfe-Maßnahmen oder die Beendigung der Sitzung umfasst. Im Zuge dessen werden in vielen BDSM-Praktiken, genauso wie im Shibari, Sicherheitsworte oder -zeichen bzw. Stoppcodes verwendet, die dazu dienen, die Sitzung umgehend zu beenden, insofern ein Problem auftritt oder sich ein Beteiligter unwohl fühlt.

Darüber hinaus kann der Stoppcode vom Passiven auch genutzt werden, wenn dieser das Gefühl hat, dass der Aktive die im Vorfeld besprochenen Grenzen überschreitet. In der Regel ist eine solche Grenzüberschreitung in den seltensten Fällen eine böse Absicht des Fesselnden und vielmehr ein Missverständnis bei der Absprache. Auf der anderen Seite kann es aber auch vorkommen, dass der Passive so genussvoll auf eine bestimmte Handlung reagiert, dass der Aktive die Grenzen des Passiven bewusst behutsam erweitert. Obwohl diese Grenzüberschreitung in einigen Fällen schön sein kann, kann sie in anderen Fällen auch zu einer sofortigen Verwendung des Stoppcodes führen.

Natürlich gelten die Stoppcodes nicht nur für den Bottom, denn auch der Top kann in eine Situation kommen, in der er physisch oder psychisch eine Grenze überschreitet, die er nicht überschreiten möchte. Innerhalb einer Shibari- oder Bondage-Szene ist es für den aktiven Teilnehmer sehr einfach, einen Stoppcode zu verwenden, alle Aktionen auszusetzen und den Partner loszubinden. Im Gegensatz dazu ist die Unterbrechung der Szene für den passiven Teilnehmer weitaus schwieriger und eine Aussage wie „Sir, ich kann nicht mehr. Bitte hören Sie auf!" könnte in einer Meister-Sklaven-Szene zur Rolle passen und deshalb vom Top durchaus missverstanden werden. Aus diesem Grund ist es sehr wichtig, bereits vor dem eigentlichen Akt konkrete Stoppcodes festzulegen. Beispiele für Stoppcodes können sein:

- „Stopp! Stopp! Stopp!" oder „Mayday" bei einem ungeknebelten Passiven oder
- dreimalige Durchführung derselben Handlung, wie Schnipsen oder Stampfen bei einem geknebeltem Passiven.

Grundsätzlich gibt es keine generelle Empfehlung für Stoppcodes und -zeichen und der Fantasie sind keinerlei Grenzen gesetzt. Am besten eignet sich jedoch eine Kombination aus einem optischen und einem akustischen Signal, falls das Shibari bei lauter Musik oder in vollkommener Dunkelheit ausgeführt werden sollte. In jedem Fall gilt jedoch: Wird der Stoppcode vom Bottom eingesetzt, muss der Top unverzüglich darauf reagieren und die Praxis beenden.

Stoppcodes sind für die Shibari-Praxis unabdingbar, können jedoch auch Nachteile haben, da sie nicht nur die Aktion des Aktiven beendet, sondern auch die erotische Spannung der Fesselung zerstört. Außerdem führt die sofortige Unterbrechung des Akts auch dazu, dass der Top nicht zu seinem Vergnügen kommt. Zudem kann die Beendigung der Praxis vom Top sogar als Vorwurf aufgefasst werden, da er das Gefühl bekommt, die Grenzen des Bottoms falsch eingeschätzt und seine Signale falsch interpretiert zu haben. Das kann wiederum zu Selbstzweifeln und einer Verletzung des Selbstwertgefühls des Fesselnden führen. Stoppcodes sollten deshalb also nicht inflationär verwendet werden, sondern nur dann, wenn man als Gefesselter wirklich nicht mehr möchte oder kann. Eine Möglichkeit, aus dieser Alles-oder-nichts-Situation auszubrechen, sind sogenannte Slowcodes. Slowcodes sind Zeichen, die im Vorfeld zwischen den Partnern vereinbart werden und dem Aktiven signalisieren, dass er seine Aktion verlangsamen muss. Anstatt die Handlung also durch einen Stoppcode direkt abzubrechen, kann ein abgeschwächter Code vereinbart werden, der nicht die gesamte Praxis beenden, sondern lediglich die aktuelle Aktion unterbrechen soll. Mithilfe des Slowcodes kann der Passive dem Aktiven signalisieren, dass ihm die Fesselung zwar gefällt, er jedoch eine kleine Pause innerhalb der Handlung benötigt. Ein weiterer Vorteil des Slowcodes ist außerdem, dass die erotische Spannung zwischen den Praktizierenden weniger stark beeinträchtigt wird, wie es bei der Verwendung eines Stoppcodes der Fall ist.

Neben einem Slowcode kann auch die Einführung eines Ampelsystems hilfreich sein, um zu überprüfen, wie sich die Beteiligten während der Praxis fühlen. Für das Ampelsystem bietet sich zum Beispiel folgende Einteilung bzw. Zuordnung an:

- Grün: „Ich fühle mich wohl, mach gerne so weiter."
- Gelb: „Pass auf mich auf, da ich gerade an meine Grenzen komme."
- Rot: „STOPP! Ich habe meine Grenzen gerade überschritten."

Während der Shibari-Praxis

Klare Kommunikation ist nicht nur vor der Shibari-Praxis wichtig, denn auch während der Sitzung sollten die Beteiligten aufmerksam und fürsorglich aufeinander achten. Dabei geht es in erster Linie darum, ein noch tieferes Vertrauensverhältnis zwischen den Beteiligten zu etablieren und ein Gefühl der Sicherheit zu schaffen. Hierbei ist es die Aufgabe des aktiven Partners, dem passiven Partner, der sich in der schwächeren Position befindet, ein Gefühl von Vertrauen und Sicherheit zu vermitteln.

Hierfür sind regelmäßige Gespräche über den eigenen Zustand, das persönliche Wohlbefinden und die individuellen Bedürfnisse entscheidend. Neben klarer Kommunikation kann der Top dem Bottom außerdem ein positives Gefühl durch einige Signale vermitteln. Dafür bieten sich zum Beispiel folgende Handlungen an:

- gelegentliches, zärtliches Streicheln des Passiven (positives Empfinden),
- die Überprüfung der Temperatur von Fuß- und Handgelenk (Gefühl des Umsorgens),
- den Passiven zu Beginn des Akts nach dem vereinbarten Stoppcode fragen (Gefühl des Vertrauens),
- das aktuelle Wohlbefinden durch regelmäßige Fragen überprüfen (Gefühl der Geborgenheit) oder
- die komplette Entfesselung nach einigen Minuten bei unerfahrenen Bottoms (Gefühl der Freiheit).

Während des Fesselns können immer einmal wieder Schwierigkeiten oder Probleme auftreten, zu denen üblicherweise Taubheitsgefühle, Schwindelgefühle, Unwohlsein, ein pochender Schmerz oder kalte Hände und Gliedmaßen zählen. Außerdem ist es möglich, dass die Nerven des Gefesselten einquetschen und dieser sich darüber möglicherweise nicht rechtzeitig bewusst wird. Aus diesem Grund sollte sich der Top immer wieder über den Zustand des Bottoms informieren und diesen zu keinem Zeitpunkt der Praxis unbeaufsichtigt oder alleine lassen, denn die Möglichkeit eines sofortigen Einschreitens kann immer erforderlich sein.

Zudem liegt es immer in der Verantwortung des Fesselnden, rechtzeitig zu reagieren und die Fesselung im Zweifel zu lösen, mit dem Gefesselten zu sprechen und eine Pause einzulegen. Dabei sollte der Top immer sicherstellen, dass er den Bottom innerhalb von maximal 60 Sekunden (30 Sekunden wären besser) vollständig befreien kann. Oftmals hilft auch der Erfahrungsaustausch mit anderen Shibari-Interessierten, um die Risiken der einzelnen Fesselungen besser einschätzen zu können.

Nach der Shibari-Praxis

Nachdem der aktive Partner den passiven Partner wieder losgebunden hat, sollte dieser nicht versuchen, die Position des Bottoms zu verändern. Da sein Körper für eine längere Zeit in einer festen Position gehalten wurde, muss sein Bewegungsapparat erst einmal wieder langsam beweglich werden. Das Tempo bestimmt dabei der Bottom selbst, da er am besten beurteilen kann, wann er seine Arme und Beine wieder bewegen oder aufstehen kann.

Außerdem kann es nach der Shibari-Praxis wichtig sein, Zeit für eventuelle Nachsorge einzuplanen. Diese Nachsorge kann sowohl physische Beruhigung als auch emotionale Unterstützung umfassen und darüber hinaus auch die Möglichkeit einschließen, über die Shibari-Erfahrung zu sprechen.

Abschließend ist und bleibt Shibari eine Kunstform, die permanentes Lernen und Verbessern der Techniken sowie das Verständnis von allgemeinen Sicherheitsprinzipien und der Einvernehmlichkeit erfordert. Nur, wenn Shibari in einer respektvollen, vertrauenswürdigen und verantwortungsvollen Art und Weise praktiziert wird, in der die Sicherheit und die Einwilligung der Beteiligten an oberster Stelle stehen und die angeführten Prinzipien beachtet werden, kann das kunstvolle Fesseln eine wundervolle und zugleich bereichernde Erfahrung sein.

Auf einen Blick: Sicherheit und Einvernehmlichkeit

SSC und RACK als grundlegende Ansätze/Philosophien der BDSM-Praxis: **SSC:** Safe, Sane, Consensual / **RACK:** Risk-Aware, Consensual, Kink

- eindeutige Einwilligung und klare Kommunikation als Grundvoraussetzung

umfasst: ausdrückliche Zustimmung zu den Aktivitäten, Festlegen eigener Grenzen, freie Äußerung von Präferenzen und Bedenken

- Kommunikation sollte während der gesamten Praxis aufrechterhalten bleiben
- Möglichkeit einer Checkliste über Wünsche und Erfahrungen vor der Praxis
- Etablierung eines tiefen Vertrauensverhältnisses
- Informationen über Sicherheitsmaßnahmen und anatomische Grundlagen einholen
- Erlernen verschiedener Seiltechniken und Knoten
- Erkundung sicherer Materialien
- Besuch von Workshops und Studium von Fachliteratur
- gute körperliche Verfassung -> Besprechung körperlicher Einschränkungen und gesundheitlicher Bedenken
- Verzicht auf Alkohol, Drogen und bestimmte Medikamente
- Erstellung eines Notfallplans
- Verwendung eines Stoppcodes oder -zeichens, Slowcodes oder Ampelsystems
- permanente Beaufsichtigung des passiven Partners und Erkundigung über seinen Gesundheitszustand
- Möglichkeit des sofortigen Einschreitens und Befreiens innerhalb von maximal 60 Sekunden
- nach Entfesselung sollte der Bottom das Tempo vorgeben
- eventuelle Nachsorge nach der Shibari-Praxis

II. Grundlagen des Bondage

DIE BEDEUTUNG VON KOMMUNIKATION UND VERTRAUEN

Eine gute Kommunikation und gegenseitiges Vertrauen sind zwei fundamentale Säulen im Bondage und im Shibari und die Grundvoraussetzungen für eine positive Fesselerfahrung und ein Gefühl der Sicherheit. Dabei gibt eine offene und ehrliche Kommunikation allen Beteiligten die Möglichkeit, ihre sexuellen Wünsche und Vorlieben zum Ausdruck zu bringen und ihre Grenzen eindeutig zu artikulieren. Diese klare Kommunikation ist wiederum entscheidend, um sicherzustellen, dass alle Aktivitäten der Fesselpraktik auf Einvernehmlichkeit beruhen und weder der Top noch der Bottom zu etwas gezwungen wird, was gar nicht gewollt ist.

Eine offene und ehrliche Kommunikation im Vorfeld garantiert, dass die Sicherheitsaspekte und Risiken der Bondage-Aktivitäten besprochen und die Gefahren minimiert werden können, um die Beteiligten vor Komplikationen und Verletzungen zu schützen. Die Kommunikation zwischen den Beteiligten ist jedoch nicht nur vor der Praxis wichtig, sondern auch nach der Session sowie währenddessen. Auf der einen Seite sollte der dominante Partner dem unterworfenen Partner ein Gefühl von

Vertrauen und Sicherheit vermitteln und sich auf der anderen Seite immer wieder über seinen Zustand informieren und ihm die Möglichkeit geben, eine Rückmeldung über sein körperliches und emotionales Wohlbefinden zu geben. Damit kann der Bottom dem Top entweder signalisieren, dass die Aktivitäten für ihn angenehm und sicher sind, oder ihm mitteilen, dass Anpassungen nötig sind.

Während der Fesselungen muss der Aktive darauf vertrauen, dass der Passive die Aktivitäten freiwillig und einvernehmlich durchführt, während der Bottom darauf vertrauen muss, dass der Top seine Macht und Kontrolle zum einen nicht missbraucht und die Handlungen sicher ausübt und dass er die Aktivitäten zum anderen jederzeit sofort beendet, insofern es der Wunsch des Gefesselten ist. Beim Bondage sowie beim Shibari gibt der Unterworfene immer eine gewisse Kontrolle ab und begibt sich während der Session in eine verletzliche Position, was ein hohes Maß an Vertrauen erfordert. Der Bottom ist schließlich darauf angewiesen, dass der Top seine Verletzlichkeit nicht ausnutzt, sondern sein Wohlbefinden und seine Sicherheit gewährleisten kann.

In der BDSM-Dynamik bedeutet Vertrauen nicht nur, dass sich alle Beteiligten der Verantwortung für die Sicherheit und das Wohlergehen des jeweils anderen bewusst sind, sondern auch, dass sie respektvoll miteinander umgehen, da nur so ein Klima der gegenseitigen Achtung und des Vertrauens geschaffen werden kann.

In der Welt des Shibari und des Bondage ist gegenseitiges Vertrauen das Bindeglied zwischen Einvernehmlichkeit, Sicherheit und Freude an der Praktik. Eine offene und ehrliche Kommunikation ist dabei das Werkzeug, mit dem die Beteiligten dieses Vertrauen nicht nur aufbauen, sondern auch aufrechterhalten können. Vertrauen und Kommunikation sind somit untrennbar miteinander verbunden und grundlegende Elemente für eine respektvolle, sichere und erfüllende Praxis.

Allerdings ist Vertrauen kein grundlegendes Gut, das jeder zwischenmenschlichen Beziehung von Beginn an innewohnt. Vertrauen ist vielmehr etwas, das erarbeitet werden muss. Dabei ist Vertrauen in jeder Art von Beziehung entscheidend, doch insbesondere im BDSM-Bereich, wie beim Shibari oder beim Bondage, essentiell. Obwohl ein Klima des Vertrauens im Bereich des Bondage und Shibari eine solide Grundlage für eine erfüllende und sichere Erfahrung schafft, fällt es den Beteiligten nicht immer leicht, ihrem BDSM-Partner gegenüber Vertrauen aufzubauen.

Grundsätzlich umfasst Vertrauen im Bereich des BDSM mehrere Aspekte, durch die die Beteiligten ein tieferes Verständnis füreinander entwickeln können. Den Grundstein für Vertrauen legt dabei offene Kommunikation und ein respektvoller Umgang miteinander. Nur, wenn beide Partner ihre Wünsche, Grenzen und Bedenken klar artikulieren können und diese jeweils respektieren, können sie Rücksichtnahme für die Gefühle, Bedürfnisse und Bedenken des jeweils anderen zeigen. Damit einher gehen natürlich die gegenseitige Zustimmung sowie Einvernehmlichkeit. Beide Partner müssen mit vollem Einverständnis und aus freiem Willen an der Praxis teilnehmen, wobei alle Aktivitäten auf vollständiger Zustimmung basieren müssen.

Neben Respekt, Rücksichtnahme und Einvernehmlichkeit sind auch Transparenz und Zuverlässigkeit wesentliche Elemente, die zur Vertrauensbildung zwischen dem Top und dem Botton beitragen. Beide Partner sollten regelmäßig offen und ehrlich sowohl über ihre Wünsche und Vorlieben als auch über ihre Bedenken und Grenzen sprechen und sich gleichzeitig darauf verlassen können, dass diese vom Partner akzeptiert, respektiert und eingehalten werden. Im Zuge dessen ist es wichtig, klare Regeln und Sicherheitsmaßnahmen im Vorfeld zu vereinbaren, damit ein Gefühl des Vertrauens und der Sicherheit gefördert werden kann.

Insbesondere der Aktive sollte über fundierte Kenntnisse der Sicherheitsprinzipien und Techniken verfügen, um dem Passiven das Gefühl zu geben, dass die Handlungen kompetent und sicher durchgeführt werden. Gleichzeitig sollte der Bottom Vertrauen darin haben, dass der Top die notwendige Erfahrung hat, die Seile und Knoten sicher anzuwenden und Probleme oder Notfälle frühzeitig zu erkennen.

Außerdem sollten beide Partner die Fähigkeit besitzen, sich in die Perspektiven und die Gefühle des anderen hineinzuversetzen und dabei

Empathie, Respekt, Verständnis und Rücksichtnahme zeigen und sich um das körperliche sowie emotionale Wohlbefinden kümmern, um ein tieferes Vertrauen zueinander aufbauen zu können.

Beide Partner müssen sich vor, während und nach der Fesselung geschützt und sicher fühlen können. Dafür ist es wichtig, dass beide Partner eine unterstützende Umgebung schaffen, in der sich beide wohlfühlen und in der sie sie selbst sein, sich öffnen und verletzlich sein können und in der sie die Kontrolle abgeben können, ohne dabei Angst vor Missbrauch oder Ausnutzung haben zu müssen.

Nach einer Sitzung sollten beide Partner genügend Zeit für Nachsorge einplanen, die zum Beispiel körperliche Beruhigung, emotionale Unterstützung oder ein Gespräch über die gesammelten Erfahrungen beinhalten kann. Die Nachsorge kann nicht nur das gegenseitige Vertrauen stärken, sondern auch zur emotionalen Bindung zwischen dem Aktiven und dem Passiven beitragen.

Letzten Endes sind auch Verlässlichkeit und Konsistenz wichtige Voraussetzungen von Vertrauen, da verlässliche und konsistente Handlungen eine solide Basis des Vertrauens aufbauen und die Bindung zwischen dem Top und dem Bottom stärken.

Genau wie alle anderen erotischen Techniken haben auch Bondage und Shibari immer einen emotionalen Aspekt. Obgleich bei den Praktiken die Befriedigung des Bedürfnisses, zu fesseln oder gefesselt zu werden, sowie die Ästhetik hinter dieser Fesselung im Vordergrund stehen, können die BDSM-Praktiken tiefe Gefühle auslösen, die die Praktizierenden gleichermaßen erfreuen und erschrecken können. Durch den Aufbau von Vertrauen, offene und ehrliche Kommunikation, Respekt, Transparenz, Rücksicht und Einvernehmlichkeit kann beim Bondage sowie beim Shibari eine vertrauensvolle und sichere Umgebung geschaffen werden, in der sich sowohl der Top als auch der Botton wohlfühlen und sich beide gemeinsam auf eine intensive und tiefe Erfahrung einlassen können.

AUSWAHL DES RICHTIGEN EQUIPMENTS UND MATERIALS

Die Auswahl des richtigen Equipments und Materials beim Bondage ist nicht nur von entscheidender Bedeutung, um eine sichere und einvernehmliche Erfahrung zu gewährleisten, sondern auch, um eine positive und lustvolle Szene zu erleben. Grundsätzlich gibt es eine Vielzahl an unterschiedlichem Equipment, dessen Auswahl sich immer auch nach Ihren individuellen Vorlieben richtet. An erster Stelle sollte dabei jedoch immer die Sicherheit von Ihnen und Ihrem Partner stehen, weshalb Sie Utensilien und Materialien vermeiden sollten, die das Verletzungsrisiko erhöhen. Legen Sie stattdessen immer Wert auf qualitative Produkte und vermeiden Sie den Kauf von minderwertigen Utensilien. Qualitätsprodukte sind nicht nur sicherer, sondern auch langlebiger und bequemer.

Sprechen Sie mit Ihrem Partner über Vorlieben, Grenzen und Einschränkungen, um die Auswahl des Materials und Equipments zu beschränken. Als Anfänger sollten Sie zudem auf eine einfache Ausrüstung zurückgreifen und sich erst mit steigender Erfahrung an komplexeres Equipment wagen. Achten Sie bei der Auswahl des Materials außerdem darauf, dass dieses hautfreundlich und ungiftig ist, und berücksichtigen Sie mögliche Allergien und Unverträglichkeiten.

Um Ihnen den ersten Schritt in Ihre Equipment-Sammlung zu erleichtern, finden Sie im Folgenden einige wichtige Informationen zu einigen Bondage-Utensilien und Materialien, die sich für verschiedene BDSM-Szenen wunderbar eignen.

Seile

Seile sind allgemein verfügbar, unauffällig und preisgünstig, weshalb sie die häufigste Fesselart zum Erleben erotischer Bondage-Spiele sind. Gemeinsam mit Ketten und Eisenfesseln sind Seile das älteste Instrument, mit dem Menschen fixiert werden. Im direkten Vergleich zu Fesselungen mit Leder- oder Metallhandschellen ist die Seilfesselung dabei die technisch aufwendigste und schwierigste Fesselung. Für einen unerfahrenen Top ist es beinahe unmöglich, einen Bottom nicht nur sicher und bequem zu fesseln, sondern auch so zu fixieren, dass sich dieser nicht selbst befreien kann. In den meisten Fällen fesseln unerfahrene Tops entweder zu locker, sodass sich der Bottom mühelos befreien kann, oder zu fest, womit sie dem Bottom Schmerzen zufügen oder ihm Probleme mit der Blutzirkulation bereiten können.

Grundsätzlich sind Seile äußerst vielseitig einsetzbar und regen Bondage-Liebhaber zu fantasievollen Spielen an. Im Vergleich zu anderem Fesselequipment, wie zum Beispiel Handschellen, eröffnen Seile die Möglichkeit, den gesamten Körper mit in die Fesselungen einzubeziehen, wodurch der Top und der Bottom stets gemeinsam neue Variationen und Stellungen entdecken können.

Der Top kann den Bottom mit Seilen sehr kreativ und variabel fesseln und sowohl die Intensität als auch den Komfort der Fesselung anpassen, wodurch er die Seile in einem Notfall innerhalb weniger Sekunden durchtrennen kann. Durch die einfache Positionsänderung des Bottoms können die Szenen mit Seilen außerdem oftmals besonders aufregend sein, da sie länger andauern und dem Top mehr Raum für Fantasie und Kreativität bieten.

Im Gegensatz zu Metallspielzeugen sind gut gewählte Seile weicher und flexibler, wodurch sie weniger gefährlich für die Gesundheit des Passiven sind. Seile haben die geschätzte Eigenschaft, dass sie dem Passiven das Gefühl verleihen, der Grad des Ausgeliefertseins und der Hilflosigkeit hänge von den Fertigkeiten des Aktiven ab. Dies ermutigt beide Beteiligten oftmals zu einer Art sportlichen Wettbewerb, bei dem die Frage danach, ob sich der Bottom befreien kann, im Zentrum steht. Handschellen beantworten diese Frage beispielsweise bereits im Vorfeld, insbesondere wenn die Schlüssel für den Gefesselten unerreichbar sind.

In der Regel führt die Anwendung von Seilen nicht unmittelbar, sondern vielmehr in einem schrittweisen Prozess zum gewünschten Gefühl der vollständigen Auslieferung. Nachdem die Fesselung abgeschlossen ist, versucht der Passive, die Sicherheit der Fesseln zu überprüfen. In einigen Fällen kann er sich dabei winden und alles daran setzen, sich zu befreien, was sowohl für den Top als auch für den Bottom häufig äußerst erregend sein kann. Letztendlich gibt der Passive, aufgrund von Erschöpfung, auf. Erst zu diesem Zeitpunkt hat er den Status der vollkommenen Unterwerfung unter den Aktiven endgültig erreicht.

Im Allgemeinen gibt es viele verschiedene Seilqualitäten. Ein gutes Seil zeichnet sich idealerweise durch leichte Flexibilität und Weichheit aus, wobei die äußere Oberfläche leicht aufgeraut ist, um ein unerwünschtes Durchrutschen der Knoten zu verhindern. Zu raues Seil kann zu Hautabschürfungen führen, während die Knoten bei zu glattem Seil nur unzureichend halten und dementsprechend fest angezogen werden müssen. Außerdem sollte das Seil nicht zu dünn sein, da es ansonsten leicht einschneiden kann. Auf der anderen Seite gestaltet sich das Verknoten mit zu dicken Seilen als schwierig. Ein Durchmesser von sieben bis acht Millimetern erweist sich in der Regel als optimal.

Geflochtenes Nylonseil

Geflochtenes Nylonseil besteht aus einem Nylonkern aus langen Fasern, ist mit einem gewebten Nylonmantel umhüllt und wird häufig beim Bergsteigen verwendet. Obwohl geflochtene Nylonseile bei Durchmessern von über acht Millimetern etwas unflexibel und steif werden, eignet sich die Qualität ansonsten gut und das Material kann bei 30 Grad gewaschen werden, wobei die Seilenden ganz leicht durch Verschweißen gesichert werden können. Wie bei allen Kunststoffseilen besteht allerdings auch hier die Gefahr, dass sich Praktizierende während der Session verbrennen, wenn das Seil zu schnell über die Haut gezogen wird. Außerdem kann die leicht seifige Oberfläche dazu führen, dass die Knoten nicht besonders gut halten. Geflochtenes Nylonseil eignet sich durchaus als Bondage-Material, sollte von Ihnen aber nur verwendet werden, wenn Seile mit besseren Qualitäten nicht verfügbar sind.

Gedrehtes Nylonseil

Gedrehtes Nylonseil ist in der Regel sehr weich, kann jedoch auch manchmal steinhart und unelastisch sein. Es ist wasserunempfindlich und weist eine äußerst glatte und rutschige, fast seifige Oberfläche auf. Im Vergleich zu geflochtenen Varianten hinterlässt es, aufgrund der gedrehten Ausführung, deutlich sichtbare Spuren auf der Haut. Aus diesem Grund ist gedrehtes Nylonseil für Bondage ungeeignet. Außerdem haben Knoten in gedrehten Nylonseilen nur eine unzureichende Haltbarkeit und können leicht durchrutschen. Zudem besteht die Gefahr von Verbrennungen, wenn das Seil über einen längeren Zeitraum zu schnell über die Haut gezogen wird.

Hanf- oder Sisalseil

Hanf- oder Sisalseil ist gedreht, sehr grob, rau und variiert farblich von hell- bis dunkelbraun. Außerdem ist Hanf- oder Sisalseil unflexibel und deshalb nur schwer biegsam, hat auf der anderen Seite jedoch auch die höchste Tragkraft. Aufgrund seiner rauen Oberfläche kann der Hautkontakt für einige Menschen unangenehm sein und schnell zu schmerzhaften Hautabschürfungen führen, weshalb diese Seile vorbehandelt werden sollten und nur für Fortgeschrittene geeignet sind. Es gibt aber auch einige Bondage-Liebhaber, die diese Materialien besonders reizen. Schließlich hindert die geringe Hautfreundlichkeit den Bottom daran, sich gegen die Fesseln zu wehren. Dies kann in bestimmten Situationen besonders reizvoll sein und zu einer gewünschten psychologischen Dynamik zwischen den Partnern beitragen. Nichtsdestotrotz sind Hanf- oder Sisalseile für Anfänger aus Sicherheitsgründen nicht geeignet.

Baumwollseil

Reines Baumwollseil ist das ideale Material für alle Bondage-Zwecke, da es sich durch Flexibilität und Weichheit auszeichnet. Außerdem ist seine Oberfläche nicht zu grob, die Knoten halten sehr gut und das Material ist waschbar. Der einzige Nachteil bei reinem Baumwollseil ist, dass sich die Enden nicht leicht verschweißen lassen, sondern für das Ausfransen der Enden eine anderweitige Lösung gefunden werden muss.

Baumwollummanteltes Seil

Baumwollummanteltes Seil ähnelt geflochtenem Nylonseil, unterscheidet sich jedoch durch die Ummantelung aus hautfreundlicher Baumwolle, die nicht nur Schweiß effektiver absorbiert, sondern durch die auch die Knoten eine wesentlich bessere Haltbarkeit haben und somit eine erheblich geringere Gefahr für Verbrennungen oder Hautirritationen besteht. Obwohl das Seil anfälliger für Verschmutzungen ist, lässt es sich problemlos in der Waschmaschine reinigen und ist deshalb als Bondage-Material sehr empfehlenswert.

Allgemeine Tipps und Tricks für Seile

Eine empfehlenswerte Grundausstattung besteht aus einem zusammenhängenden Seilstück von etwa 20 Metern, das Sie später für individuelle Zwecke zuschneiden können. Dabei sind vor allem kurze Seile von etwa drei Metern zur Fesselung von Händen und Füßen besonders gut geeignet. Mittellange Seile von fünf bis acht Metern eignen sich hervorragend, um den Partner ans Bett oder an einen Stuhl zu fesseln, und Seile ab zehn Metern sind in der Bondage-Szene mit mehr Aufwand verbunden.

Die optimale Dicke eines Seils ist davon abhängig, wie der Bottom das Bondage mag und welcher Körperteil wie gefesselt werden soll. Einige Bondage-Liebhaber betrachten den Akt als Foltermethode und mögen neben der Fixierung und der Reduktion der Bewegungsfreiheit in erster Linie die Schmerzen, die ihnen während der Szene zugefügt werden. Für sie eignen sich vor allem dünne Seile mit einer Dicke von vier oder fünf Millimetern. Wer beim Bondage hingegen eine komfortable Bewegungsunfähigkeit erreichen möchte, sollte auf breitere Seile mit einer Dicke von sechs oder sogar acht Millimetern zurückgreifen. Wird der Bottom während der Szene aufgehängt oder wird sein Körper eng umbunden, sollte das Seil sogar noch dicker sein, da breitere Seile eine bessere Haltkraft haben und beim Hängebondage daher sicherer sind. Die einzige Ausnahme stellen dabei die Weichteile dar, die immer mit dünnerem Seil abgebunden werden sollten.

Wenn Sie sich ein Seil angeschafft haben, sollten Sie dieses am besten zuerst aufrollen, es in einen Kissenbezug stecken und anschließend bei 30 Grad in der Waschmaschine waschen. Der Kissenbezug verhindert ein potentielles Verfangen des Seils in beweglichen Teilen der Waschmaschine. Außerdem verleiht das Waschen dem neuen und noch etwas steifen Seil Flexibilität und Weichheit. Bei Bedarf können Seile zwischendurch auch immer einmal wieder mit Seifenwasser gereinigt werden. Die Seile sollten allerdings immer vollständig trocken sein, bevor Sie diese lagern.

Im Laufe der Zeit neigen die Enden von Baumwollseilen dazu, auszufransen, wodurch sich das Seil allmählich verkürzt. Bei Nylonseilen können Sie die Enden ganz leicht mit einem Feuerzeug erhitzen, verschmelzen und versiegeln. Bei reinem Baumwollseil funktioniert das allerdings nicht, da Baumwolle beim Erhitzen verbrennt, jedoch nicht schmilzt. Stattdessen gibt es zwei Möglichkeiten, die Enden zu sichern:

- Die erste Möglichkeit besteht darin, das Ende mit einer Nadel und einem Faden zu vernähen. Diese Möglichkeit erfordert zwar einige Arbeit, kann jedoch auch eine nette Aufgabe für den Passiven sein.
- Die zweite Möglichkeit ist die Verwendung von weißem Leukotape, das in jeder Apotheke erhältlich ist. Leukotape ist ein textiles Klebeband, das für die Stabilisierung von Gelenken bei sportlichen Aktivitäten verwendet wird. Es ist etwa fünf Zentimeter breit und haftet so gut, dass Schweiß, Schmutz und wiederholtes Waschen in der Maschine keinerlei Probleme darstellen.

Nachdem Sie das Seil gewaschen haben, umwickeln Sie dieses an mehreren Stellen mit etwa drei Schichten Leukotape, sodass Sie folgende Seillängen erstellen:

- ein sechs Meter langes Seil,
- zwei vier Meter lange Seile,
- zwei drei Meter lange Seile.

Anschließend schneiden Sie das Seil in der Mitte des Leukotapes mit einem scharfen Messer durch, um dadurch die Enden zu sichern. Um die verschiedenen Längen voneinander zu unterscheiden, können Sie diese mit einem wasserfesten Filzstift oder einem Wäscheschreiber kodieren. Außerdem bietet es sich an, die Mitte jedes zugeschnittenen Seils zu markieren. Die meisten Bondage-Techniken beginnen von der Mitte des Seils ausgehend, weshalb das Markieren Ihnen viel Fummelei ersparen wird. Auch für diese Aufgabe eignet sich wieder Leukotape oder ein Wäschekennzeichnungsstift.

Seile sehen nicht nur unschön aus, wenn sie unordentlich auf einen Haufen geworfen werden, sondern müssen dann auch ständig entwirrt werden. Dieses ständige Entwirren ist nicht nur störend, sondern kann auch frustrierend sein, vor allem, wenn die Seillängen nicht farblich koordiniert sind. Aus diesem Grund ist es ratsam, die Seile nach jeder Verwendung ordentlich zu organisieren. Diese Aufgabe könnte zum Beispiel dem passiven Partner übertragen und als Teil des sinnlichen Erlebnisses etabliert werden. In der Regel empfehlen sich folgende einfache Möglichkeiten zur Aufbewahrung:

• Rollen Sie das Seil so auf, dass es ein zusammengelegtes Bündel mit einer Länge von etwa 60 Zentimetern bildet. Knoten Sie das Bündel in der Mitte zusammen, um zu verhindern, dass sich das Seil verselbstständigt.

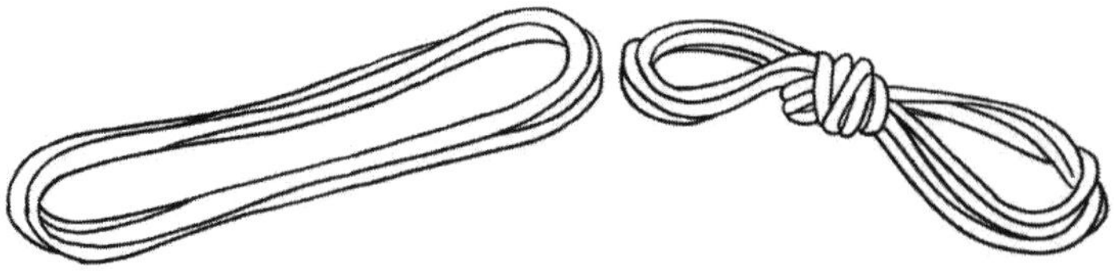

• Rollen Sie das Seil wieder so auf, dass es ein zusammengelegtes Bündel mit einer Länge von etwa 60 Zentimetern ergibt. Nehmen Sie nun eines der Enden, wickeln Sie dieses einige Male um das Bündel, stecken Sie anschließend das Ende durch die Schlaufe und ziehen Sie es fest.

Lederriemen

Lederriemen sind nicht nur für Lederliebhaber empfehlenswert, sondern für alle Bondage-Liebhaber geeignet. Nach mehrfachem Gebrauch werden Lederriemen ziemlich geschmeidig und biegsam, wodurch sie den Druck, im direkten Vergleich zu Seilen, über eine größere Fläche verteilen. Starre Lederriemen können außerdem mit Lederfett oder Vaseline geschmeidiger gemacht werden.

In der Regel sind Lederriemen in einfacher Streifenform oder als vernähte Riemen erhältlich. Obwohl sie relativ kostenintensiv sind, haben sie eine lange Lebensdauer. Grundsätzlich können Lederriemen wie Seile verwendet werden, dürfen allerdings nicht gewaschen werden, da sich Leder beim Kontakt mit Feuchtigkeit zusammenziehen kann – sei es durch äußere Einflüsse oder den Hautschweiß des Passiven. Stattdessen kann Leder jederzeit mit speziellem Lederreiniger gereinigt werden. In jedem Fall sollten Sie das Leder vor Feuchtigkeit schützen, um Schimmelbildung zu verhindern. Bewahren Sie Ihr Lederequipment zudem am besten in einem trockenen und kühlen Raum auf.

Für Bondage-Zwecke eignen sich ein bis zwei Zentimeter breite Lederriemen am besten, wohingegen die zwei Millimeter dicken Lederriemchen, die in der Szene oftmals als Halsbänder getragen werden, nicht geeignet sind. Da sie zu dünn sind und deshalb in die Haut einschneiden können, finden sie ausschließlich Anwendung im Bereich des Genitalbondage.

Ledergurte

Ledergurte bestehen aus schwarzem Leder und sehen wie ganz normale Hosengürtel aus. Sie sind in unterschiedlichen Längen erhältlich und zeichnen sich durch ihre durchgehende Lochung aus, dic es ermöglicht, sie an beliebigen Stellen zu fixieren, selbst wenn sie mehrmals umwickelt worden sind (z. B. um die Handgelenke). In der Regel eignen sich Ledergurte hervorragend, um den Bottom an Händen, Fußgelenken, Knien oder an der Brust zu fesseln oder um ihn an einem Gegenstand, wie an einer Liege, zu fixieren. Wenn Sie sich einen Ledergurt in der exakten Länge Ihres gewöhnlichen Hosengürtels anschaffen, hat das zusätzlich den Vorteil, dass Sie der Gurt in diskreter Weise überallhin begleitet.

Lederfesseln

Lederfesseln bestehen aus einem breiten Lederriemen, der entweder gefüttert oder ungefüttert sein kann und der mithilfe einer Gürtelschnalle am Hand- oder Fußgelenk befestigt wird. Dabei dienen ein oder mehrere D-Ringe als Anbringungspunkte für Schlösser, Seile oder ähnliches Zubehör. Grundsätzlich sind Lederfesseln in einer breiten Auswahl erhältlich, in der Regel jedoch teurer als vergleichbares Fesselmaterial, bieten jedoch gegenüber anderem Equipment, wie beispielsweise Handschellen, einen höheren Komfort und sind vor allem für Anfänger gut geeignet. Außerdem haben Lederfesseln den Vorteil, dass sie Fetischisten, die eine Vorliebe für Leder oder Gummi haben, ansprechen. Darüber hinaus werden Lederfesseln häufig als Signal für partnersuchende Bondage-Liebhaber getragen.

Lederfesseln sind insbesondere für längere Bondage-Sessions gut geeignet, da sie dauerhaft an den Hand- und Fußgelenken des Unterworfenen verbleiben und bei Bedarf in unterschiedlichen Kombinationen miteinander verbunden werden können. Dabei eignen sich Lederfesseln vor allem für das sogenannte Spread-Eagle-Bondage, bei dem der Botton in X-Form gefesselt wird, besonders gut. Aufgrund ihrer weichen Konsistenz, insbesondere wenn sie gefüttert sind, und die dadurch erzielte Druckverteilung kann der Bottom straff zwischen vier Befestigungspunkten gespannt werden, ohne dass es für ihn unangenehm wird.

Beim Kauf von Lederfesseln sollten Sie unbedingt ein Modell wählen, bei dem die Manschetten für Beine oder Arme separat gelöst werden können, da diese dann vielseitig einsetzbar sind. Modelle, bei denen die Manschetten zusammengenäht oder durch einen Metallring miteinander verbunden sind, schränken die Möglichkeiten der Benutzung ein.

Darüber hinaus ist auch die Polsterung der Innenseite ein entscheidendes Kriterium bei der Anschaffung von Lederfesseln. Das Material sollte anschmiegsam und weich sein, insbesondere an den Rändern der Fesseln. An dieser Stelle lohnt es sich, Wert auf Qualität zu legen, da mangelhafte Polsterungen schnell zu Unannehmlichkeiten auf der Haut führen können. Weiterhin sollten die Löcher für die Verschlussschnalle mit Metallösen verstärkt sein, um ein vorzeitiges Einreißen zu verhindern.

Im Allgemeinen bieten Lederfesseln den großen Vorteil, dass sie den Druck auf eine größere Fläche verteilen und dadurch vergleichsweise bequem sind und sich für längere Szenen besser eignen. Allerdings weisen Lederfesseln auch zwei Schwachstellen auf, die vom Bottom genutzt werden können, um sich zu befreien.

Auf der einen Seite kann der Passive die Gürtelschnalle an der Manschette öffnen, insofern diese nicht gesichert ist. Dieses Problem kann jedoch verhindert werden, indem ein kleines Vorhängeschloss in das nächste freie Riemenschloss geschlossen wird.

Auf der anderen Seite werden Lederfesseln häufig mit einem doppelten Karabiner geliefert, der vom Bottom leicht selbst geöffnet werden kann. Da es sich dann um eine rein symbolische Fesselung handelt, empfiehlt es sich, stattdessen ein Vorhängeschloss zu verwenden.

Handschellen

Beim Gedanken ans Fesseln kommen vielen Menschen zunächst Handschellen in den Sinn, die, richtig angelegt, absolut ausbruchssicher sind. In der Bondage-Szene entwickelten sich nicht nur Handschellen, sondern auch das Tragen von Handschellenschlüsseln am Schlüsselbund in den vergangenen Jahren zu einem untrüglichen Symbol, das – links (aktiv) und rechts (passiv) getragen – eine eindeutige Botschaft vermittelt.

Grundsätzlich ziehen Handschellen ihre besondere emotionale Anziehungskraft aus zwei Hauptquellen: Zum einen bieten Handschellen extreme Schnelligkeit und Sicherheit und wecken zum anderen Assoziationen. Das klickende Geräusch beim Schließen der Handschellen signalisiert dem Bottom sofort, dass er dem Top nun vollkommen ausgeliefert ist. Im Gegensatz zur Fesselung mit Handschellen könnte er sich aus Seilen möglicherweise befreien, doch die Handschellen schließen in nur einem Augenblick und gewährleisten absolute Sicherheit. Normalerweise unternimmt der Bottom nun nicht einmal den Versuch, sich zu befreien, was dazu führt, dass er passiv wird und gespannt darauf wartet, was als Nächstes passiert.

Demgegenüber neigen Bottoms bei Seilen oft dazu, zu kämpfen, wobei es in der Regel länger dauert, bis sie die Unausweichlichkeit ihrer Situation akzeptieren. Viele Passive empfinden diesen Kampf jedoch als notwendig, um die psychologischen Aspekte des Bondage in vollem Umfang erleben zu können. Handschellen können diesen Prozess nicht auf dieselbe Art und Weise gewährleisten, da sie die Fesselung in einem kurzen Moment mit einem Klick verdichten. Aus diesem Grund sind Handschellen für Bottoms, die diesen intensiven Kampfprozess und die schrittweise Akzeptanz der Unterlegenheit schätzen, weniger geeignet.

Die andere Quelle der psychologischen Wirkung von Handschellen liegt in ihrer Herkunft und ihrem Gebrauch bei der Polizei oder dem Militär. Diese Organisationen sind für einige Aktive und Passive erotisch und fetischbehaftet, was in der entsprechenden Szene als inszenatorisches Element genutzt werden kann.

Die Anwendung von Handschellen ist allerdings nicht so risikofrei und unkompliziert, wie ihr Ruf es vermuten lässt. Ein zentraler Aspekt hierbei ist, dass Handschellen einen Schlüssel erfordern, der abbrechen, verloren gehen oder sogar verwechselt werden kann. Obwohl diese Erkenntnis trivial erscheint, führt sie in der Praxis oft zu Problemen. Während der Szene kann der Schlüssel in der Dunkelheit verloren gehen oder es kann sich herausstellen, dass der vorhandene Schlüssel gar nicht passt, sondern für andere Handschellenmodelle gedacht ist.

Um solche Situationen zu vermeiden, sollten Sie ausschließlich Handschellenmodelle mit einem Standardschlüssel erwerben. Außerdem sollten Sie es sich zur Gewohnheit machen, die Handschellen nach der Verwendung zu verschließen und sie somit zu versperren, da sie sich in dieser gesperrten Position nur dann öffnen lassen, wenn der passende Schlüssel zur Verfügung steht. Auf diese Weise gehören falsche, vergessene oder verlorene Schlüssel der Vergangenheit an.

Darüber hinaus sollten Sie beachten, dass Handschellen unflexibel und hart sind. Sie können stark auf die Handgelenke drücken und bei unsachgemäßem Gebrauch Taubheit, Verletzungen oder sogar Knochenbrüche von Elle oder Speiche verursachen. Besonders gefährlich sind Handschellen dann, wenn sie nicht gesperrt sind und sich dann zuziehen, da sie dazu neigen, Schmerzen zu verursachen. Aus diesem Grund sollten keine externen Kräfte auf die mit Handschellen gefesselten Hände wirken. Selbst das Gewicht der Arme bei über dem Kopf gefesselten Händen kann auf Dauer unangenehm sein und Verletzungen können bereits dann auftreten, wenn der Bottom auf den Handschellen liegt. Deswegen sind Praktiken, bei dem der Bottom zum Beispiel mit einem an den Handschellen befestigten Seil gezogen wird, ebenfalls gefährlich und können das Verletzungsrisiko erheblich erhöhen. Aus diesem Grund sind Handschellen, genau wie andere Metallspielzeuge, nicht für Szenen geeignet, die ein höheres Maß an Intensität oder Wildheit beinhalten, wie zum Beispiel das Langzeitbondage oder das Hängebondage. Die Verletzungsgefahr des Bottoms ist bei solchen Aktivitäten einfach zu groß.

Wenn Sie sich Handschellen anschaffen möchten, sollten Sie sich keinesfalls dazu hinreißen lassen, minderwertige Qualität zu kaufen. Greifen Sie stattdessen auf qualitativ hochwertige Handschellen zurück, die zuverlässig im Öffnen und Schließen sind, keine scharfen Kanten haben und leicht vom Bottom geöffnet werden können. Hochwertige Handschellen haben oftmals einen robusten Schlüssel, dessen Griff aus drei kleinen Ringen besteht.

Grundsätzlich gibt es zwei Möglichkeiten, die mit Handschellen gefesselten Hände des Passiven zu verbinden:

- mithilfe einer Kette, die aus zwei bis vier Gliedern besteht oder
- mithilfe eines Scharniers, das die Beweglichkeit zwischen den Armen auf eine Dimension beschränkt.

Handschellen, die nur ein Scharnier haben, sind restriktiver und der Abstand zwischen den gefesselten Händen ist geringer. Auf Dauer kann das zu einer höheren Belastung der Schultern führen.

Unabhängig von der Variante, für die Sie sich entscheiden, sollten die Handschellen über einen Standardschlüssel und einen doppelten Verriegelungsmechanismus (Double-Lock-Mechanismus) verfügen. Dieser Mechanismus verhindert, dass sich die Handschellen nach dem Schließen und Verriegeln weiter zuziehen können, selbst wenn von außen stärker Druck ausgeübt werden sollte – zum Beispiel, wenn sich der Bottom versehentlich kurz darauflegt. Der Verriegelungsmechanismus dient somit also auch dazu, die Sicherheit zu erhöhen und das Verletzungsrisiko zu vermindern.

In der Regel erfordert das Anlegen von Handschellen einige Überlegungen, um sowohl den Komfort als auch die Sicherheit des Subs zu gewährleisten. Nachdem Sie sichergestellt haben, dass Sie den richtigen Schlüssel in greifbarer Nähe haben, platzieren Sie die Handschellen so, dass beim Schließen immer ausreichend Platz für einen Finger zwischen dem Metall und dem Handgelenk des Bottoms bleibt. Dieser Abstand ist ausreichend, um sicherzustellen, dass der Bottom nicht aus den geschlossenen Handschellen entkommen kann.

Beim Anlegen von Handschellen können die Pulsseiten der Handgelenke dabei entweder nach innen oder nach außen zeigen.

Zeigen die Pulsseiten nach innen, ist dies für den Passiven möglicherweise bequemer, wobei gelenkige Personen versuchen könnten, ihre gefesselten Hände unter ihren Beinen hindurch auf die Vorderseite ihres Körpers zu bewegen.

Zeigen die Pulsseiten hingegen nach außen, ist diese Position für den Passiven zwar unbequemer, gleichzeitig jedoch auch sicherer, da es für ihn schwerer wird, die gefesselten Hände unter den Beinen nach vorne zu bewegen, und die Handschellen selbst mit einem Schlüssel nicht leicht zu öffnen sind. Wichtig ist, dass Sie darauf achten, dass der Bottom seine Arme nicht innerhalb der Handschellen so drehen kann, dass er die Pulsseiten nach innen nehmen könnte. Damit stellen Sie sicher, dass die Handschellen in der gewünschten Position bleiben und die Sicherheit Ihres Partners gewährleistet ist.

Grundsätzlich ist es wichtig, die Handschellen immer oberhalb des Handwurzelknochens anzulegen, also so nah wie möglich an den Händen und nicht am Ende des Unterarms, wo sie auf Elle und Speiche drücken könnten. Außerdem kann ein zu festes Anziehen der Handschellen zu Haut- und Nervenquetschungen führen, die wiederum Taubheit in der Hand verursachen können, die weder sicher noch besonders erotisch sind.

Nach dem Anlegen der Handschellen und der Überprüfung des korrekten Sitzens sollten Sie unbedingt das Locking durchführen. Dies verhindert, dass sich die Handschellen unabsichtlich im Verlauf des Akts zuziehen. Je nach Modell gibt es unterschiedliche Methoden zum Locken der Handschellen. Bei einigen Modellen wird der Stift am Schlüssel in eine Vertiefung gedrückt, bei anderen Modellen wird ein Schieber verstellt. Wichtig ist, dass Sie immer die spezifischen Anweisungen für die Handschellen befolgen, die Sie verwenden, da Sie nur dann sicherstellen können, dass Sie sie auch ordnungsgemäß sichern.

Fußschellen

Fußschellen sind das Gegenstück zu Handschellen. Obgleich Fußschellen ähnlich wie Handschellen aufgebaut sind, haben sie einen größeren Durchmesser und verfügen über eine längere Kette zwischen den beiden eigentlichen Schellen, um höheren Belastungen standzuhalten, die in den Beinen auftreten können. Genau wie bei Handschellen gilt auch hier, dass Sie keine minderwertigen Produkte kaufen, sondern stattdessen auf Qualität setzen sollten.

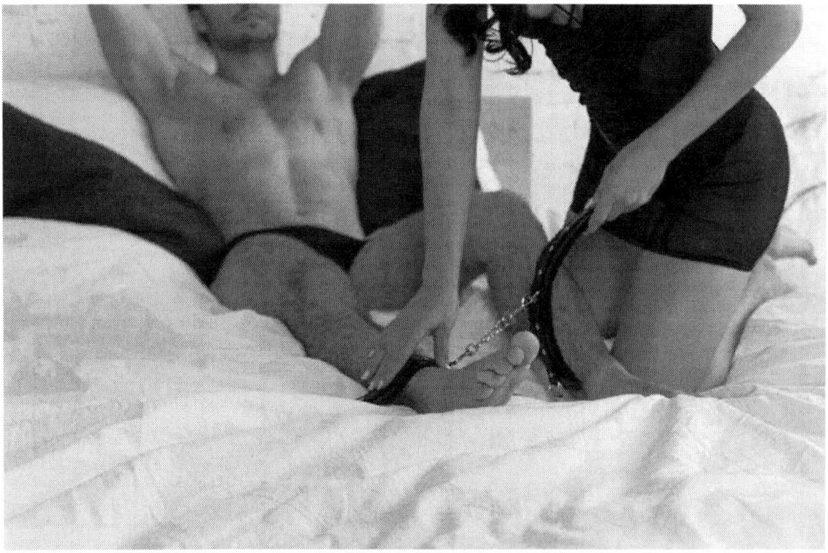

Um Fußschellen anzulegen, sollte sich der Bottom kniend positionieren, sodass ihm die Fußschellen von hinten angelegt werden können. Dabei ist es am praktischsten, wenn die Schlüssellöcher nach oben ausgerichtet sind, da sie für den Top so leichter zu erreichen sind.

In der Regel kann der Bottom mit Fußschellen nur langsam gehen oder Treppen steigen, was schrittweise noch erschwert oder sogar verhindert werden kann, indem die Kette mit einem kleinen Vorhängeschloss an zwei gegenüberliegenden Gliedern zusammengeschlossen und nach Belieben gekürzt wird. Beim Anlegen sollte der Top allerdings unbedingt beachten, dass das Schienbein des Bottoms sehr druckempfindlich ist. Sollte der Bottom während der Szene also stolpern oder einen zu großen Schritt machen, kann das die gesamte Handlung negativ beeinträchtigen. Stolpern tritt besonders häufig auf, wenn dem Bottom zusätzlich die Augen verbunden werden. Deswegen ist es ratsam, Fußschellen zu verwenden, die über Stiefel oder zumindest über dicke Strümpfe passen, und diese dann auch nur so zu verwenden.

Wenn Sie sowohl Handschellen als auch Fußschellen besitzen, können Sie mit einer zusätzlichen, etwa einen Meter langen Kette und zwei Vorhängeschlössern auch eine Ganzkörperfesselung gestalten. Dafür müssen Sie lediglich die Verbindungsketten oder Hand- und Fußschellen entweder vor dem Bauch oder hinter dem Rücken des Passiven miteinander verbinden. Dadurch erhalten Sie ganz einfach eine vielseitige und zugleich kostengünstige Alternative zu separat erhältlichen Ganzkörpergeschirren.

Ketten

Ketten haben einen beinahe altmodischen und archaischen Charme, der auf Bondage-Liebhaber eine besondere Faszination ausübt. Trotzdem ist es gar nicht so einfach, den Sub mit Ketten zu fixieren, da Ketten vollkommen unflexibel sind, keine Elastizität bieten und deshalb äußerst präzise angepasst werden müssen. Wenn ein Glied zu eng ist, kann das bereits zu Verletzungen führen, und wenn ein Glied zu weit ist, besteht die Möglichkeit, dass sich der Bottom befreien kann. Aus diesem Grund sollte die Größe der Glieder gerade so bemessen sein, dass ein Vorhängeschloss, ein Karabiner oder ein Seil mit einem Durchmesser von acht Millimetern hindurchpasst. Auf der anderen Seite sollte die Rasterung klein genug sein, damit eine Längenanpassung möglich ist.

In der Regel eignen sich Kettenglieder mit einem Durchmesser von fünf Zentimetern nicht für die Fesselung von Handgelenken, da eine derart grobe Rasterung keine feste Einstellung ermöglicht. Außerdem können zu dicke Ketten Schmerzen verursachen, wenn der Bottom darauf liegt. Ein weiteres Kriterium, auf das Sie bei der Verwendung achten sollten, ist die Qualität der Oberfläche. Die Kettenglieder sollten verschweißt und nicht einfach gebogen sein. Scharfe Schweißnähte und Graten an den Gliedern der Kette sind Anzeichen von minderwertiger Qualität und können zu Hautverletzungen des Unterworfenen führen.

Im Allgemeinen haben Ketten den Nachteil, dass sie in Notfallsituationen nicht so einfach durchgeschnitten werden können wie Seile oder Leder. Je nach Verwendungszweck eignen sich deshalb mehrere kurze Ketten, zum Beispiel Ketten mit einer Länge von zwei Metern, besser als eine einzige sehr lange Kctte. Bei Bedarf können Sie auch zwei kurze Segmente mit einem Schloss oder einem Karabiner zu einer längeren Kette verbinden. Da es in der Regel wenig sinnvoll ist, Ketten zu einem Knoten zusammenzubinden, benötigen Sie in jedem Fall zusätzliche Utensilien, um diese in Ihre Bondage-Szenen zu integrieren.

Vorhängeschlösser

Vorhängeschlösser werden immer dann verwendet, wenn Sie entweder mehrere Ketten miteinander verbinden möchten oder wenn der Bottom das Bondage-Equipment erreichen und lösen kann und deswegen andere Utensilien zu unsicher wären. Bei der Verwendung von Vorhängeschlössern gilt, dass Sie niemals Zahlenkombinationsschlösser nutzen sollten, da Sie den Code vergessen oder aufgrund von schlechten Lichtverhältnissen nicht einstellen können. Vorhängeschlösser mit einem Schlüssel (in mehreren identischen Ausführungen) eignen sich stattdessen viel besser.

Kettennotglieder

Als Alternative zu Vorhängeschlössern bieten sich Kettennotglieder an, die sich im Notfall viel schneller öffnen lassen als Schlösser. Außerdem können sie ein guter Ersatz für ein Schloss sein, da sich die Verbinder mit einem Schraubenschlüssel oder einer Zange zuziehen lassen und der Bottom diese dann nicht mehr mit der Hand öffnen kann.

Karabiner und Doppelkarabiner

Eine weitere Alternative zu Vorhängeschlössern und Kettennotgliedern sind Karabiner oder Doppelkarabiner, die ähnlich wie Kettennotglieder zu beurteilen sind. Die einzige Einschränkung, die hierbei jedoch vorliegt, ist, dass Karabiner, insofern sie nicht mit einer Überwurfmutter gesichert sind, viel leichter vom Bottom zu öffnen sind als Vorhängeschlösser.

Panic-Snaps

Panic-Snaps sind spezielle Kettenglieder, die selbst unter extremer Belastung in Notfallsituationen leicht geöffnet werden können, was sie von den zuvor beschriebenen Karabinern unterscheiden. Sie eignen sich zum Verbinden sowohl von zwei Seilen als auch von zwei Ketten.

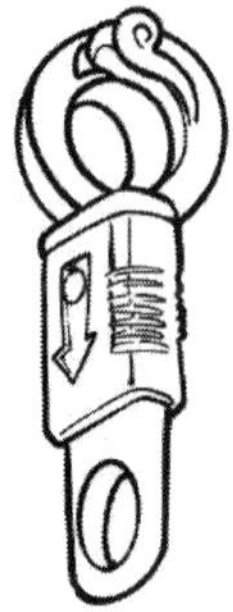

Klebeband

Fesselungen mit Klebeband sind in der Bondage-Praxis sehr effektiv, da es keine Knoten, losen Schlingen oder Angriffspunkte gibt. Außerdem kann sich der Bottom, selbst wenn er stark daran zieht, kaum an Klebeband verletzen. Besonders Gewebeband oder Textilklebeband ist sehr unflexibel und bietet dem Unterworfenen somit nur wenige Möglichkeiten, sich ohne fremde Hilfe oder ohne scharfe Gegenstände aus der Fesselung zu befreien. Klebeband ist kostengünstig, auf der anderen Seite aber nicht wiederverwendbar. Während einer Szene lässt sich Klebeband zudem nicht neu justieren und auch die Position des Bottoms kann nicht verändert werden. Das größte Problem bei der Verwendung von Klebeband ist jedoch, dass es an Stellen klebt, an denen es nicht kleben sollte.

Grundsätzlich gibt es eine große Auswahl an Klebeband und es werden verschiedene Breiten und Klebstoffe angeboten. Für das Fesseln der Hände eignet sich am besten leicht elastisches Isolierband, das aus reinem Kunststoff besteht und eine Breite von drei Zentimetern hat, oder klassisches braunes Paketklebeband mit einer Breite von fünf Zentimetern. Darüber hinaus eignet sich auch drei Zentimeter breites Gewebeband von Tesa gut. Zum Knebeln wird silberfarbenes Klebeband von Tesa mit einer Breite von fünf Zentimetern empfohlen, da es anpassungsfähiger und flexibler als Paketklebeband ist, das eher störrisch ist. Außerdem gibt es in Deutschland olivgrünes Panzerband der Bundeswehr, das von extrem robuster Qualität ist, jedoch nicht direkt auf der Haut verwendet werden sollte. Die einzige Ausnahme hierbei besteht dann, wenn Sie planen, es später wieder abzureißen.

Solange Sie das Problem des schmerzhaften Haarausreißens beim Lösen im Griff haben, ist Klebeband ein ideales Bondage-Material. Möchten Sie das schmerzhafte Haarausreißen jedoch möglichst umgehen, finden Sie anbei einige Tipps dafür:

- Cremen Sie die betreffenden Hautabschnitte unmittelbar vor dem Fesseln mit einem Hautöl, einer fetten Hautcreme oder mit Talkumpuder ein. Dadurch wird der Klebstoff auf der Haut abgeschwächt und die Klebekraft tritt erst bei der zweiten Umwicklung in Erscheinung, wenn Band auf Band liegt.

- Dieselbe Wirkung erzielen Sie, wenn Sie die betreffenden Hautstellen vor dem Anlegen des Klebebandes mit einem Streifen Frischhaltefolie umwickeln.

- Die eleganteste Methode wäre, wenn Sie zunächst etwa 60 Zentimeter Klebeband abrollen und die Hälfte davon falten, indem Sie Klebeseite auf Klebeseite legen und Sie dadurch ein 30 Zentimeter langes, nicht klebendes Anfangsstück schaffen. Dieses Anfangsstück legen Sie dann auf die zu fesselnde Hautstelle. Die weiteren Umwicklungen erfolgen dann genau auf der ersten Lage, sodass die Haut des Bottoms keinerlei Kontakt mit dem klebenden Abschnitt hat.

Plastikfolie

Plastikfolie wird im BDSM-Setting in erster Linie dafür verwendet, um den Bottom zu mumifizieren, also seinen kompletten Körper einzuhüllen. Neben einer sehr effektiven Fesselung wird dadurch ein Gefühl der noch stärkeren Isolation des Partners von seiner Umwelt sowie ein Schwitzeffekt erzeugt, der von manchen Bottoms sehr geschätzt wird.

Wenn Sie die Plastikfolie abwickeln und diese einfach durch ein mit Ihren Fingern gebildetes O ziehen, kann diese zum Seil werden, wodurch Sie ein wunderbar weiches und gleichzeitig flexibles Instrument erhalten, mit dem Sie Ihren Partner fesseln können. Beachten Sie allerdings, dass sich Knoten in einer lang gezogenen Plastikfolie kaum noch öffnen lassen. Halten Sie also immer eine Schere oder ein Messer griffbereit. Verzichten Sie zudem darauf, die Plastikfolie im Gesicht anzuwenden oder sie als Masken- oder Knebelmaterial zu nutzen, da Plastikfolie luftdicht ist.

Gummistreifen

Gummistreifen sind lange und weiche Gürtel, die eine Breite von etwa fünf bis zehn Zentimetern haben und aus sehr flexiblem, schwarzem Weichgummi bestehen. Sie werden in erster Linie genutzt, um den Bottom zu fesseln oder ihn zu mumifizieren. Obwohl Gummistreifen kostspieliger als andere Materialien sind, sind sie auf der anderen Seite auch dicker und reißfester als Plastikfolie und können beliebig oft wiederverwendet werden. In der Regel erfreuen sich Gummistreifen vor allem bei Gummifetischisten großer Beliebtheit, da sie nicht nur das Material sehr genießen, sondern auch das durch den Weichgummi bedingte Schwitzen. Grundsätzlich gelten für Gummistreifen die gleichen Prinzipien wie für die Anwendung von Plastikfolie.

Mitts

Mitts sind Lederfausthandschuhe, die zwar wie herkömmliche Handschuhe getragen, jedoch am Handgelenk fixiert werden und manchmal an den Fingerspitzen eine Metallöse aufweisen. Bekommt der Bottom vor der eigentlichen Fesselung einen solchen Handschuh angezogen, hat er während der Session keine Chance mehr, an den Knoten zu hantieren.

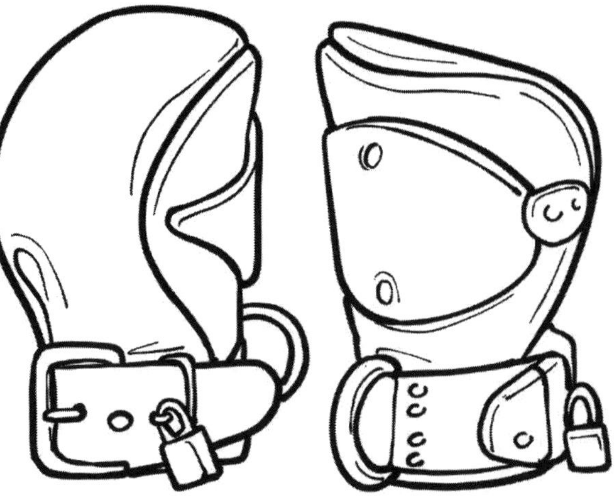

Als Alternative zu Lederfausthandschuhen können auch die beiden Ringe von Handschuhen miteinander verbunden oder es kann direkt ein Modell gekauft werden, bei dem die Enden fest miteinander verbunden sind. Bei Mitts handelt es sich jedoch in jedem Fall um eine bequeme, sichere, zugleich aber auch teure Methode, mit der der Top den Bottom vollkommen wehrlos machen kann.

Bondagestangen

Bondagestangen können aus einer Vielzahl von Materialien hergestellt werden, wobei sich aber nicht jedes Material für alle Anwendungsmöglichkeiten eignet. Holzstangen können zum Beispiel ohne Bedenken für Techniken wie die Papageienschaukel verwendet werden, wohingegen Metallstangen genutzt werden sollten, wenn der Bottom mit seinem gesamten Körpergewicht an der Stange aufgehängt werden soll.

In der Regel dient die Verwendung von einer oder mehreren Stangen mit unterschiedlichen Längen oftmals dazu, die Hand- oder Fußgelenke des Subs auseinanderzuhalten und zu spreizen. Aus diesem Grund werden Bondagestangen häufig auch als Spreaderbars, also als Spreizstangen, bezeichnet.

Zwangsjacken

Zwangsjacken sind ein absolut sicheres und sehr bequemes Bondage-Equipment, das entweder aus Gummi, Leder oder aus Leinen hergestellt wird. Da Zwangsjacken jedoch sehr kostspielig sind, sollte ihre Anschaffung gut durchdacht werden. Vergessen Sie zudem nicht, dass Zwangsjacken aus Leder oder Gummi einen starken Schwitzeffekt haben können, der nicht von jedem Bondage-Praktizierenden gewünscht wird.

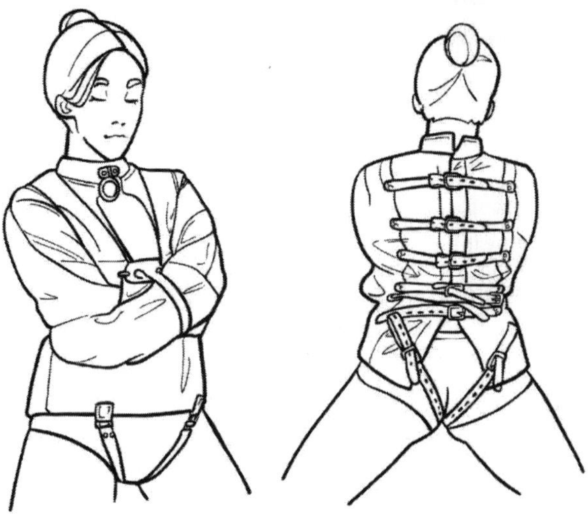

Auf einen Blick: Equipment und Material

- Voraussetzung für eine sichere, einvernehmliche, positive und lustvolle Erfahrung
- Vielzahl an unterschiedlichem Equipment und Material -> Auswahl immer von eigenen Vorlieben und möglichen Unverträglichkeiten abhängig
- Anschaffung von sicheren und qualitativ hochwertigen Utensilien
- Seile als ältestes und am häufigsten verwendetes Fixierungsinstrument
- Lederriemen, Ledergurte und Lederfesseln für Lederliebhaber
- Handschellen und Fußschellen als absolut ausbruchssicheres Equipment
- Ketten für einen altmodischen und archaischen Charakter
- Vorhängeschlösser, Kettennotglieder, (Doppel-) Karabiner und Panic-Snaps als Verbindungselemente
- Klebeband als kostengünstige und effektive Methode
- Plastikfolie und Gummistreifen zur Mumifizierung
- Mitts zum Fesseln von Händen und Fingern
- Bondagestangen zum Auseinanderhalten und Spreizen von Hand- oder Fußgelenken
- Zwangsjacken zur Fixierung

Pflege und Reinigung von Bondage-Equipment

Die Pflege und die Reinigung des Bondage-Equipments sind wichtige Bestandteile jeder Bondage-Praxis, mit denen Sie sicherstellen können, dass Ihre Utensilien langlebig, hygienisch und sicher bleiben. Um Ihr Bondage-Equipment zu reinigen, sollten Sie zunächst das verwendete Material Ihrer Sammlung überprüfen, denn die meisten Materialien erfordern unterschiedliche Pflegeansätze.Während Seile sauber und frei von Schmutz und Ablagerungen sein sollten und in der Regel einfach mit Seifenwasser gereinigt und anschließend vollständig getrocknet werden sollten, bevor sie gelagert werden, wird Leder nur mit speziellem Lederreiniger gereinigt. Leder sollte außerdem immer vor Feuchtigkeit geschützt werden, um Schimmel zu verhindern. Aufbewahrt wird Leder zudem am besten in einem kühlen und trockenen Raum. Metallisches Bondage-Equipment, wie zum Beispiel Ketten, Karabiner oder Handschellen, können genau wie Seile mit Seifenwasser gereinigt und dann mit einem Handtuch getrocknet werden. Wichtig bei metallischen Utensilien ist jedoch, dass diese vollständig getrocknet werden, um Rost zu vermeiden.

Grundsätzlich ist die genaue Reinigung und Pflege von Bondage-Equipment immer von den verwendeten Materialien abhängig. Lesen Sie deshalb immer die Anweisungen des Herstellers und recherchieren Sie, wenn nötig, nach Pflege- und speziellen Reinigungshinweisen für die Utensilien, die Sie verwenden.

Wenn Sie Ihr Bondage-Equipment nicht nur mit einem Partner verwenden, sondern dieses mit mehreren Partnern teilen, sollten Sie Ihre Produkte in jedem Fall desinfizieren, um das Infektionsrisiko zu minimieren. Hierfür bietet sich geeignetes Desinfektionsmittel für Bondage-Equipment an, dessen Anweisungen auf dem Etikett Sie einfach befolgen können.

Lagern Sie Ihr gesamtes Bondage-Equipment am besten an einem Ort, der trocken, sauber und fern von extremen Temperaturen und direkter Sonneneinstrahlung liegt. Dabei empfiehlt es sich, die Utensilien separat aufzubewahren, damit Sie Verschmutzungen oder Verwicklungen verhindern können.

Überprüfen Sie Ihre Bondage-Utensilien regelmäßig auf Risse, Rost, Verschleiß und andere Schäden und ersetzen Sie Ihr Equipment umgehend bzw. reparieren Sie dieses vor der nächsten Anwendung, sobald Sie Beschädigungen oder Probleme feststellen sollten.
Verzichten Sie während der Bondage-Praxis außerdem auf aggressive Chemikalien oder Gleitmittel, da diese Ihre Materialien beschädigen und somit unbrauchbar machen könnten.

Eine gewissenhafte und ordnungsgemäße Pflege sowie Reinigung des Bondage-Equipments tragen in jedem Fall dazu bei, dass nicht nur die Sicherheit und die Langlebigkeit Ihrer Ausrüstung gewährleistet werden können, sondern auch, dass die hygienischen Bedingungen für die Anwendungen erfüllt werden.

Auf einen Blick: Pflege und Reinigung

- Reinigung von verwendeten Materialien abhängig -> Herstellerhinweise beachten
- Seile: frei von Schmutz und Ablagerungen halten, Reinigung mit Seifenwasser, vollständig trocknen
- Leder: Reinigung mit speziellem Lederreiniger, Schutz vor Feuchtigkeit, Aufbewahrung an kühlem und trockenem Ort
- Metallisches Equipment: Reinigung mit Seifenwasser, vollständig trocknen
- geteiltes Equipment immer mit geeignetem Desinfektionsmittel reinigen
- Lagerung von Equipment an trockenem, sauberem und kühlem Ort ohne direkte Sonneneinstrahlung
- separate Aufbewahrung von Utensilien
- regelmäßige Überprüfung auf Schäden
- Reparatur bzw. Austausch beschädigter Utensilien
- Verzicht auf aggressive Chemikalien oder Gleitmittel

GRUNDLEGENDE KNOTEN UND TECHNIKEN

Im Bondage sind grundlegende Knoten und Techniken unerlässlich, um sowohl das Vergnügen als auch die Sicherheit aller Beteiligten zu gewährleisten. Dabei sind insbesondere die unterschiedlichen Knoten viel einfacher zu erlernen, als es viele Menschen vermuten mögen. Grundsätzlich sollten Beginner zunächst die zwei Hauptkategorien von Knoten entdecken, mit denen sich der Bottom absolut sicher fesseln lässt. Neben einer sicheren Fesselung bieten diese grundlegenden Knoten außerdem viel Raum für kreative Anpassungen, sodass Sie diese ganz einfach für Ihre individuellen Bedürfnisse adaptieren können.

In die erste Hauptkategorie reihen sich Verbindungsknoten ein, die dazu dienen, zwei Seilenden miteinander zu verbinden. In die zweite Hauptkategorie fallen Befestigungsknoten, die dazu genutzt werden, ein Seilende an einem anderen Gegenstand festzubinden.

Mit diesen beiden Arten von Knoten kommen Sie im Bondage schon sehr weit. In der Regel ist es ratsam, zunächst diese Basics zu erlernen, zu üben und zu verfestigen. Anschließend können Sie sich dann den konkreten, einfachen Fesselknoten widmen, die im Anschluss an die Verbindungs- und Befestigungsknoten präsentiert werden.

Darüber hinaus gibt es natürlich noch andere spezielle und dekorative Knoten, die jedoch nicht grundlegend sind und eher als nette Spielereien dienen und die Sie üben können, sobald Sie alle Basics des Bondage erlernt haben. Im Kapitel „Fesselpositionen“ erwarten Sie außerdem noch weitere Fesselpositionen für Anfänger und Fortgeschrittene und im Kapitel „Fortgeschrittene Techniken und Spezialthemen“ finden Sie weitere fortgeschrittene Fesseltechniken, wie Gruppen-Bondage und Suspension, denen Sie sich im Anschluss widmen können.

Sicherheitshinweise vorab

Bevor Sie die einzelnen Knotentechniken des Bondage in der Praxis anwenden möchten, sollten Sie diese unbedingt mehrmals üben. Achten Sie in jedem Fall darauf, dass Sie die Knotentechniken sicher beherrschen und schnell durchführen können. Während der Szene ist es wichtig, sicherzustellen, dass Sie die Knoten nicht zu fest ziehen, damit Sie die Durchblutung des Bottoms nicht beeinträchtigen. Als Faustregel gilt hierbei, dass Sie zu jeder Zeit zwei Finger unter das Seil legen müssen können. Fesseln Sie empfindliche Bereiche, wie Gelenke oder den Hals, zudem vorsichtig, um Verletzungen zu vermeiden. Wichtig hierbei ist weiterhin, dass Sie Seile nicht einzeln eindrehen, da sich diese durch die Drehung zusammenziehen können, wodurch die Fesselung schmerzhaft oder unbequem wird. Haben Sie außerdem zu jeder Zeit Schneidewerkzeug griffbereit, um in Notfallsituationen schnell reagieren und das Seil dementsprechend schnell durchtrennen zu können. Darüber hinaus sollten Sie immer auch die allgemeinen Sicherheitsempfehlungen, wie eindeutige Einwilligung und klare Kommunikation, beachten.

Verbindungsknoten

Zu Bondage-Zwecken benötigen Sie primär einen Knoten aus der Kategorie der Verbindungsknoten: den Kreuzknoten, der umgangssprachlich auch als Doppelknoten oder als Weberknoten bezeichnet wird. Der Kreuzknoten dient dazu, entweder zwei kurze Seile zu einem längeren zu verbinden oder die zwei Seilenden, nachdem zum Beispiel die Handgelenke des Bottoms zusammengebunden wurden, miteinander zu verbinden und die Fesselung damit abzuschließen. Hierbei ist es entscheidend, dass diese Verbindung gegen Zug gesichert ist, sodass sie sich nicht unbeabsichtigt öffnen kann. Außerdem sollte sich diese Verbindung nicht unter Zug zusammenziehen, da dies das spätere Öffnen erschweren würde. Der Kreuzknoten lässt sich nicht nur einfach erlernen, sondern ist auch einfach anzuwenden, wirkt symmetrisch und ansprechend und lässt sich zudem leicht wieder lösen.

Allerdings besteht beim Kreuzknoten die Einschränkung, dass er sich auch vom Bottom leicht lösen lässt, weshalb er, wie jeder andere ungesicherte Knoten auch, außerhalb der Reichweite von Mund und Händen des Subs platziert werden muss.

Anleitung Kreuzknoten

- Greifen Sie die beiden Enden eines Seils mit Ihren beiden Händen über Kreuz, sodass sich die Seile an einer Stelle kreuzen.
- Schlagen Sie nun das eine Seilende um das andere Seil – so, als würden Sie beginnen, Ihre Schuhe zu binden.
- Nehmen Sie anschließend die beiden anderen Seilenden und machen Sie denselben Knoten noch einmal.
- Abschließend ziehen Sie beide Seile fest.

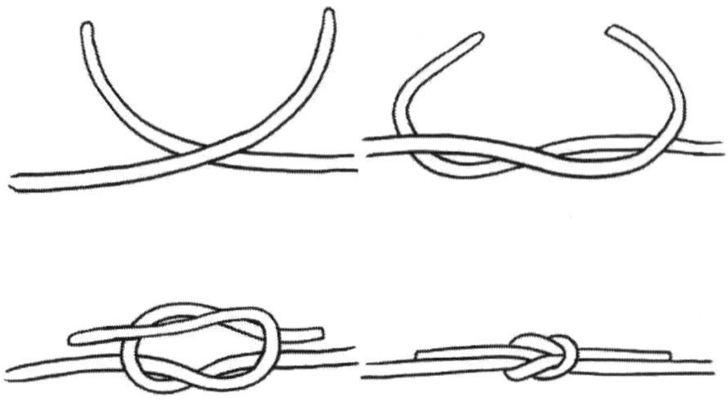

Tipp: Falls Ihr Knoten anders aussehen sollte, haben Sie wahrscheinlich den zweiten Knoten falsch herum gemacht. In diesem Fall entsteht ein sogenannter Hausfrauenknoten, der sich grundlegend vom Kreuzknoten unterscheidet, da er viel schwerer zu lösen ist und ganz anders aussieht. Außerdem zieht sich der Hausfrauenknoten unter Belastung stark zusammen. Üben Sie den Kreuzknoten deshalb unbedingt einige Male, damit Sie ihn korrekt und zuverlässig binden und damit die Grundlage für eine Vielzahl weiterer Knoten legen.

Befestigungsknoten

Befestigungsknoten erfüllen den Zweck, ein Seilende an einen Gegenstand zu binden. Dieser Gegenstand kann zum Beispiel ein Handgelenk, eine Metallöse, ein Bettpfosten oder auch die Mitte eines anderen Seils sein, das quer zum ersten Seil verläuft. Zwei grundlegende Beispiele von Befestigungsknoten sind die Kopfschlinge und die Lauföse.

Anleitung Kopfschlinge

Angenommen, Sie möchten ein Seil so an einem Pfosten, einem Handgelenk, einer Metallöse oder an einer Stange befestigen, dass beide Seilenden gleich lang heraushängen:

- Nehmen Sie das Seil doppelt und legen Sie es um den Pfosten oder stecken Sie es in die Metallöse.
- Führen Sie nun beide losen Seilenden durch die Schlinge und ziehen Sie diese fest, um eine leicht zu lösende Befestigung zu erhalten, aus der zwei Seilenden heraushängen.

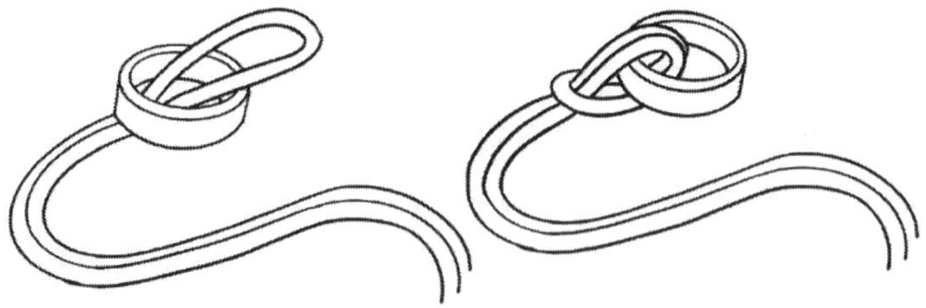

Anleitung Laufóse

Neben der Kopfschlinge ist es ratsam, auch das Knoten einer Lauföse zu üben. Laufösen sind einfach zu erlernen und anzuwenden, sehr stabil und lassen sich außerdem leicht wieder öffnen. Laufösen werden zum Beispiel verwendet, um diese an einen Haken zu hängen oder um sie über einen Bettpfosten zu legen:

- Nehmen Sie das Seil zunächst doppelt.
- Machen Sie nun einen einfachen Knoten in dieses Seilende.
- Ziehen Sie das Seil fest.

Wenn Sie aus der Lauföse eine sich zuziehende Schlinge bzw. ein Lasso machen möchten, müssen Sie dafür einfach das lange Ende desselben Seils durch die Schlinge ziehen, die Sie zuvor angefertigt haben.

Mit dem Lasso können Sie viele unterschiedliche Bondage-Techniken beginnen, die vom Seilende aus begonnen werden und nicht in der Seilmitte starten. Beachten Sie allerdings, dass Sie die sich zuziehende Schlinge niemals am Hals verwenden.

Einfache direkte Fesselungen

Seilfesselungen leben davon, dass die Praktizierenden mit ihnen experimentieren, dabei immer wieder neue Stellungen ausprobieren und eine Lernkurve durchleben. Die folgenden Techniken sind deshalb nur ein Ausgangspunkt dessen, was Bondage-Liebhaber mit Seilen machen können. In der Regel gibt es nicht die eine richtige Art, zu fesseln, und viele Fesselungen lassen sich auf unterschiedliche Wege erreichen. Das Spannende dabei ist, dass sich im Laufe des Spiels immer wieder neue Varianten ergeben und nicht alle Fesselungen aus einer technischen Perspektive heraus angegangen werden sollten. Erfahrungen sammelt man schließlich immer selbst in der Praxis und nicht alle Dinge lassen sich in einem Buch nachlesen.

Anleitung einfache Handfessel

- Zu Beginn der Fesselung bringt der Bottom seine Hände zueinander und legt diese zusammen.
- Nehmen Sie nun ein Seil zur Hand und legen Sie dieses doppelt.
- Anschließend wickeln Sie das doppelt gelegte Seil, beginnend mit der Schlaufe, zweimal um die Handgelenke des Bottoms.
- Überkreuzen Sie die Seilschlaufe und das Ende des Seils und führen Sie die Schlaufe unter der Fessel durch die Mitte hindurch.
- Sichern Sie die Handfessel abschließend mit einem Doppelknoten.

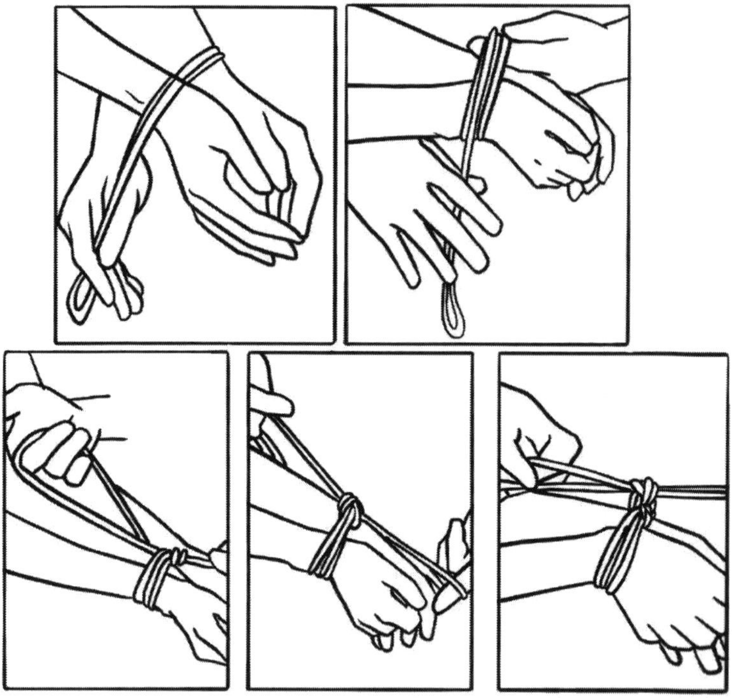

Anleitung einfache Fußfessel

- Zu Beginn der Fesselung stellt der Bottom seine Füße aneinander auf.
- Nehmen Sie das Seil doppelt und führen Sie die Schlaufe anschließend hinter die Waden des Bottoms.
- Wickeln Sie das Seil nun zweimal, oberhalb der Knöchel des Bottoms, um seine Beine und führen Sie die beiden Seilenden schließlich in der Mitte zusammen.
- Nun ziehen Sie das offene Seilende um die Fessel, die am rechten Bein anliegt.
- Legen Sie das Schlaufenende erneut um das rechte Bein des Bottoms und führen Sie dieses dann von hinten durch seine Beine hindurch.
- Fixieren Sie die Fessel abschließend mit einem Knoten.

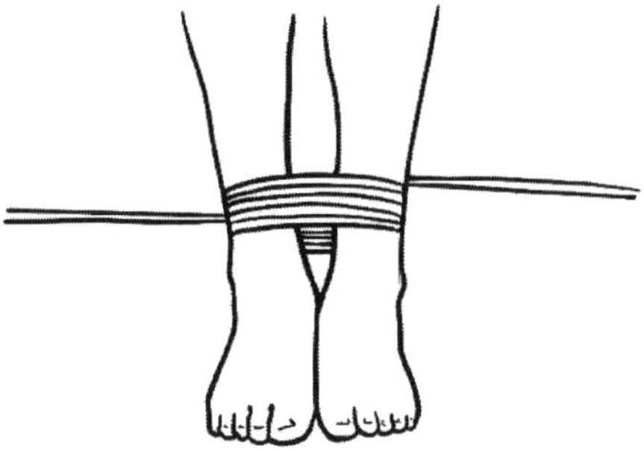

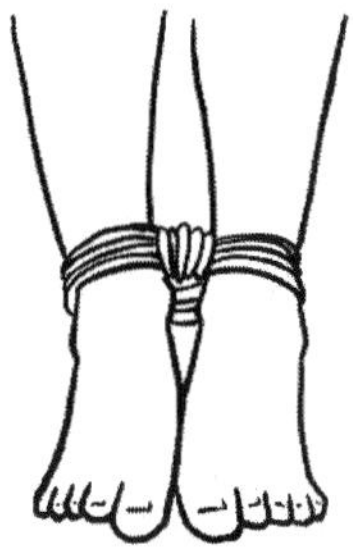

Anleitung Fesselung von Armen und Händen

- Zu Beginn der Fesselung stellt sich der Bottom aufrecht und von Ihnen abgewandt auf.

- Nehmen Sie das Seil doppelt und binden Sie dieses, beginnend mit einer Schlaufe in der Mitte, einmal um die Oberarme des Bottoms.

- Ziehen Sie das Ende des Seils nun durch die Schlaufe hindurch, die sich auf der Außenseite der Arme des Bottoms befindet.

- Jetzt wickeln Sie die beiden Seilenden so lange entgegengesetzt um die beiden mittleren Bereiche des Seils am Rücken des Bottoms, bis die Seilenden die Arminnenseiten des Bottoms berühren.

- Anschließend führen Sie die Seilenden zurück in die Mitte. Stellen Sie dabei sicher, dass das übrige Seil nicht zu kurz ist.

- Nun führen Sie die Enden des Seils zu den Handgelenken des Bottoms, um seine Hände zu fesseln. Legen Sie das Seil dafür doppelt und nacheinander um seine Handgelenke.

- Beenden Sie die Fesselung, indem Sie beide Seilenden entgegengesetzt um die mittleren Teile des Seils wickeln. Wenn Sie möchten, können Sie die Fesselung außerdem noch mit einem Knoten abschließen.

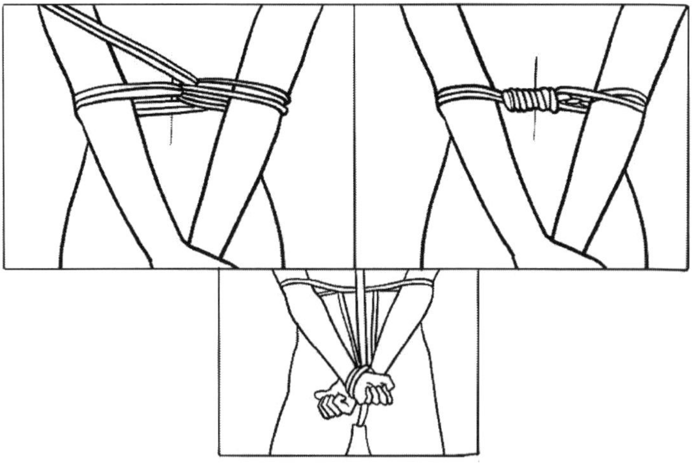

Spezial- oder Kunstknoten

Obwohl die Beherrschung von Spezial- oder Kunstknoten für Bondage-Anfänger keinesfalls notwendig ist, sollen an dieser Stelle trotzdem zwei interessante Möglichkeiten aufgezeigt werden, die demonstrieren, was Sie mit Seilen machen können und welchen Knoten Sie sich widmen können, sobald Sie tiefer in die Thematik eingetaucht sind.

Anleitung Handschellenknoten

Der Handschellenknoten mag zwar etwas kompliziert zu erlernen sein, ist aber definitiv lohnenswert, da Sie mit seiner Hilfe ein Paar Handschellen aus einem Seil kreieren können.

- Nehmen Sie ein etwa zwei Meter langes Seil zur Hand, legen Sie dieses doppelt und legen Sie dann jeweils links und rechts von der Mitte des Seils eine kleine Schlinge. Dabei sollten sich beide Schlingen in der Mitte des Seils berühren.
- Ziehen Sie nun das linke Seilende von links durch beide Schlingen hindurch, sodass Sie eine weitere, größere Schlinge unterhalb der ersten kleinen Schlinge erhalten, die für die linke Hand gedacht ist.
- Anschließend wiederholen Sie das Ganze auf der rechten Seite. Ziehen Sie dafür nun das rechte Seilende von rechts in derselben Art und Weise durch beide Schlingen hindurch, sodass Sie eine weitere, größere Schlinge unterhalb der zweiten kleinen Schlinge erhalten, die für die rechte Hand gedacht ist.
- Abschließend ziehen Sie den zentralen Knoten, der bislang locker war, fest. Dadurch laufen die gerade gestreckten Seilenden nun nur noch mit ihrem eigenen Widerstand.

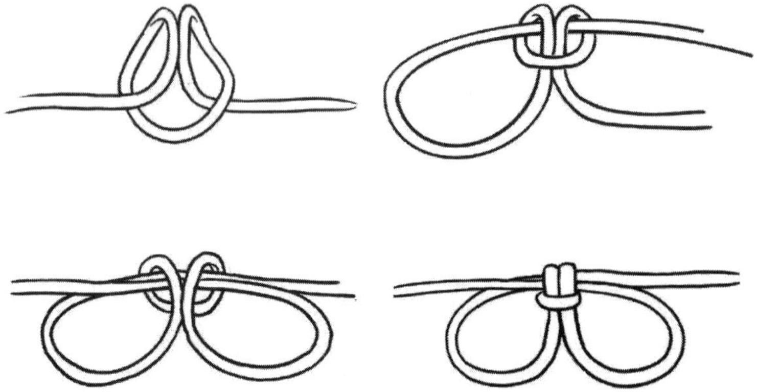

Der Handschellenknoten kann angewendet werden, indem der Bottom seine Hände durch die Schlaufen steckt und der Top die beiden losen Seilenden anschließend wie Handschellen festzieht. Vergessen Sie anschließend nicht, die Seilenden durch einen Kreuzknoten zu sichern. Wenn Sie den Kreuzknoten nach der Szene wieder lösen möchten, müssen Sie dafür nur die beiden Schlaufen so lange auseinanderziehen, bis die Hände des Bottoms hindurchpassen. Damit stellen Sie sicher, dass die Seilhandschellen erhalten bleiben und dadurch wiederverwendet werden können.

Anleitung Knebel

Korrekt geknotet sieht der Knebel wie das dicke Stück des klassischen Henkerknotens aus, hat jedoch keine Schlinge am Ende des Seils.

- Nehmen Sie ein zwei Meter langes Seil zur Hand.
- Umwickeln Sie die beiden Enden des Seils gegenseitig etwa zehnmal umeinander, sodass das Seil die Form eines Kreises annimmt.
- Anschließend ziehen Sie beide Enden des Seils auseinander, wodurch Sie den Knoten in der Mitte festziehen und einen Knebel schaffen, den Sie mit den freien Enden um den Bottom binden können.

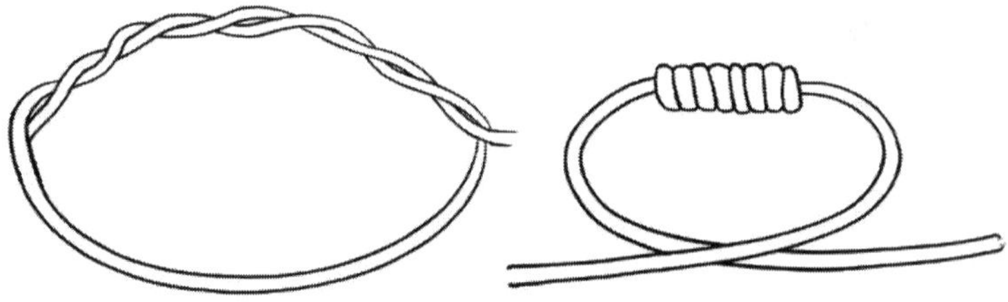

III. Vorbereitung

EMOTIONALE VORBEREITUNG UND GRENZEN SETZEN

Viele Menschen sehnen sich danach, eine Bondage- oder Shibari-Szene zu erleben. Während eine Szene für einige Menschen dabei oftmals eine Wiederholung sowie Vertiefung von zuvor bereits gesammelten Erfahrungen ist, kann der Akt für andere aber auch ganz neu sein, da sie die ersten Schritte im Bereich des BDSM gehen.

Obwohl Spontanität ein spannender Aspekt einer BDSM-Szene sein kann, ist vor allem die Planung der emotionalen Vorbereitung auf eine Bondage-Session unheimlich wichtig, da sie dazu beiträgt, den Akt vertrauensvoller und sicher zu gestalten und das Beste aus der gemeinsamen Erfahrung herauszuholen.

Um sich auf eine Session emotional vorzubereiten, sollten Sie immer mit einer ehrlichen und offenen Kommunikation mit Ihrem Partner beginnen. Besprechen Sie dabei Ihre Wünsche, Vorlieben und Neigungen und überlegen Sie sich außerdem, welche Dinge Sie von der bevorstehenden Session erwarten und welche Techniken, Knoten oder welches Equipment Sie vielleicht ausprobieren möchten. Auf der anderen Seite ist es genauso wichtig, dass Sie Ihre Grenzen und No-Gos reflektieren und auch Ihre emotionalen Bedürfnisse und eine mögliche Unsicherheit sowie Nervosität offen kommunizieren. Es ist wichtig, dass beide Partner ein klares Verständnis davon haben, wie weit der jeweils andere während der Session gehen möchte, was geschehen wird und wie der Akt verlaufen soll. Gemeinsame Erwartungen schaffen dabei nicht nur eine solide Basis für eine sichere und positive Erfahrung, sondern können auch dazu beitragen, Missverständnisse zu verhindern.

Damit sich beide Partner emotional fallen lassen können, ist es natürlich unabdingbar, vor der Bondage-Session ein Vertrauensverhältnis aufzubauen. Nur, wenn Top und Bottom in die Absichten und Fähigkeiten des anderen vertrauen können, können sie sich vollkommen entspannen und die Erfahrung genießen. Dieses Vertrauensverhältnis ist vor allem für den Bottom zentral, da die Verantwortung während der Session dem Top obliegt. Gerade für unerfahrene Bottoms ist es deshalb in jedem Fall sinnvoll, einen Stoppcode zu vereinbaren, mit dem der Bottom dem Top mitteilen kann, dass eine Handlung gerade zu viel für ihn ist.

Für viele Menschen kann es außerdem hilfreich sein, Ängste und Stress vor der Session aktiv abzubauen und zu bewältigen, da diese ihre Erfahrung erheblich beeinträchtigen können. Zur Entspannung und Stressbewältigung eignen sich dabei verschiedene Entspannungstechniken, wie Meditation, Yoga oder tiefe Atemübungen, die helfen, vor dem Akt zur Ruhe zu kommen.

Anleitung 4-7-8-Atmung

- Setzen oder legen Sie sich zunächst bequem hin.
- Legen Sie die Spitze Ihrer Zunge auf das Zahnfleisch unmittelbar hinter Ihren vorderen oberen Zähnen.
- Atmen Sie nun einmal vollständig aus, um Ihre Lunge zu leeren. Anschließend atmen Sie langsam für vier Sekunden durch Ihre Nase ein.
- Halten Sie Ihren Atem für sieben Sekunden lang an und versuchen Sie dabei, entspannt zu bleiben.
- Im Anschluss atmen Sie für acht Sekunden kraftvoll durch Ihren Mund wieder aus. Wiederholen Sie die Atmung einige Male.

Wenn Sie während der Session Fesselspiele betreiben möchten, sollten Sie immer im Hinterkopf behalten, dass der Bottom während der Session bewegungsunfähig gemacht und diesem in einer Notfallsituation schnell geholfen werden muss. Zu einer guten Vorbereitung einer BDSM-Handlung gehört deshalb immer auch das Bereitlegen einer Schere, um den Sub emotional zu entlasten, seine Ängste abzubauen und ihm zu demonstrieren, dass er im Notfall schnell befreit wird.

Im Zuge dessen sollten Sie bereits vor der Session besprechen, wie Sie die Nachsorge handhaben möchten. Die Nachsorge beinhaltet nämlich nicht nur die körperliche Pflege nach dem Akt, sondern auch die emotionale Unterstützung, und kann zum Beispiel reflektierende und offene Gespräche oder Umarmungen beinhalten. Eine liebevolle Nachsorge kann damit dazu beitragen, ein Gefühl der Geborgenheit und Sicherheit zu vermitteln und gleichzeitig eventuelle Nachwirkungen zu lindern.

Die emotionale Vorbereitung auf eine Bondage-Session erfordert eine Kombination aus Vertrauen, Kommunikation, Entspannung, Ehrlichkeit und Selbstreflexion. Nur, wenn zwischen beiden Partnern ein tiefes Vertrauensverhältnis besteht, sie offen und ehrlich miteinander kommunizieren können und dabei ihre Wünsche und Grenzen reflektieren und mögliche Ängste ablegen können, kann die Session nicht nur sicher, sondern auch emotional erfüllend und für beide eine positive Erfahrung sein.

PHYSISCHE VORBEREITUNGEN DES KÖRPERS

Obwohl einige Menschen glauben mögen, dass der passive Partner während einer BDSM-Session lediglich stillhalten muss, kann sein Körper beim Bondage und Shibari für einen längeren Zeitraum in ungewöhnliche Positionen und eine unnatürliche Körperhaltung gebracht werden. Im gefesselten Zustand muss der Körper des Subs dabei so einiges leisten. Seine Muskeln werden während der Session nicht nur gestaucht oder gedehnt, sondern auch viel weniger durchblutet als im Normalzustand. In der Folge kann es nicht nur zu Durchblutungsstörungen und Verrenkungen kommen, sondern auch Zerrungen, Krämpfe, Gelenkverletzungen und andere körperliche Beschwerden, die über mehrere Tage hinweg andauern, sind keine Seltenheit.

Um den Körper optimal auf die bevorstehende Session vorzubereiten, sollten Sie sich vor der Fesselung gut aufwärmen. Das Aufwärmen erhöht die Durchblutung der Muskulatur und trägt somit dazu bei, Muskeln und Gelenke besser mit Nährstoffen und Sauerstoff zu versorgen, um einerseits das Risiko von Verletzungen oder Krämpfen zu minimieren und um andererseits die Geschmeidigkeit der Bewegungen zu fördern. Damit verbessert die physische Vorbereitung die Flexibilität und die Beweglichkeit der Praktizierenden, die im Bondage und Shibari oftmals erfordert werden, um den Körper in bestimmte Positionen zu bringen und diese auch zu halten.

Die physische Vorbereitung des Körpers hilft jedoch nicht nur dabei, das Verletzungsrisiko während der Handlung zu minimieren, sondern kann durchaus auch zu mehr Entspannung vor dem Akt führen. Das Aufwärmen und Dehnen des Körpers tragen nämlich dazu bei, Stress und Verspannungen der Muskulatur zu reduzieren und somit zu einer angenehmeren Erfahrung beizutragen, die Sie dadurch viel mehr genießen können.

Auf der anderen Seite garantiert die körperliche Vorbereitung des passiven Partners aber auch, dass er physisch in der Lage ist, an der Session teilzunehmen. Vor allem für Personen, die unter Gesundheitsproblemen oder körperlichen Einschränkungen leiden, ist diese Vorbereitung besonders wichtig, damit körperliche Einschränkungen oder Verletzungen während der Session berücksichtigt werden und die Techniken dementsprechend auf die individuellen Bedürfnisse der Praktizierenden angepasst werden können. Hierfür können zum Beispiel alternative Positionen gewählt oder weniger Druck auf bestimmte, angeschlagene Körperbereiche ausgeübt werden.

Während der Session ist es dann zudem wichtig, auf die körperlichen Signale des Partners zu achten und den Akt, bei Taubheit, Kribbeln oder anderen Schmerzempfindungen, sofort abzubrechen. Aus diesem Grund ist es ebenfalls unabdingbar, Sicherheitsutensilien zur schnellen Entfernung von Fesselungsutensilien griffbereit zu halten und einen Notfallplan im Vorfeld zu besprechen. Planen Sie zusätzlich regelmäßige Pausen ein, um die Beweglichkeit von Muskeln und Gelenken zu erhalten und die Durchblutung wiederherzustellen.

Allerdings dient die physische Vorbereitung des Körpers auf die Session dabei nicht nur dem Wohl des unterworfenen Partners, sondern trägt auch zum Wohlbefinden des aktiven Partners bei. Nur, wenn der Bottom gut auf die bevorstehende Fesselung vorbereitet ist, kann der Top sichergehen, dass er die verschiedenen Fesseltechniken sicher und ordnungsgemäß anwenden kann.

Eine Bondage-Session kann mit sportlicher Aktivität gleichgesetzt werden, da der Körper an seine Grenzen geführt wird, während er in einer bestimmten Position verweilt. Deshalb ist es zunächst ratsam, die Gelenke kurz und sanft in einem großen Bewegungsradius zu bewegen und anschließend die wichtigsten Muskelgruppen zu dehnen. Die Körperbereiche, auf die Sie sich dabei in erster Linie konzentrieren sollten, sind die Schultern, die Wirbelsäule und Ihr Unterkörper. In der Regel ist die Kombination aus einfacher Muskelaktivierung und leichter Dehnung ausreichend, um die Durchblutung zu fördern und die Muskeln zu aktivieren.

Das Aufwärmen der Schultern ist im Bondage unheimlich wichtig, da eine Vielzahl an unterschiedlichen Bondage-Techniken und Knoten die Schultern stark belasten. Zum Aufwärmen der Schultergelenke eignen sich vor allem das Schulterkreisen und die Schulterrotation besonders gut.

Anleitung Schulterkreisen

Beim Schulterkreisen werden sämtliche Gewebestrukturen, angefangen von den Muskeln bis hin zu den Bändern und Faszien, im Schulterbereich aktiviert. Dabei erfahren sogar die feineren Muskeln und Gewebe eine verbesserte Durchblutung.

- Stellen Sie sich zunächst aufrecht hin. Wenn Sie möchten, können Sie gerne eine Hand auf die gegenüberliegende Seite Ihrer Brust legen.
- Beginnen Sie nun damit, Ihren anderen Arm im Kreis vor sich nach oben und anschließend nach hinten zu führen.
- Achten Sie währenddessen darauf, den gesamten Bewegungsradius Ihrer Schulter zu nutzen und die Kreise dementsprechend so groß wie möglich zu machen.
- Führen Sie die Kreisbewegungen für etwa fünfzehn Sekunden nach hinten aus und wechseln Sie dann die Drehrichtung, bevor Sie die Seite wechseln.

Anleitung Schulterrotation

Nachdem Sie Ihre Gewebestrukturen beim Schulterkreisen aktiviert haben, mobilisieren Sie nun die Rotation Ihrer Schulter, also das Drehen nach innen und nach außen. Für diese Übung benötigen Sie idealerweise ein Widerstandsband, mit dem Sie die Rotationsbewegung ausführen. Wenn Sie keins haben sollten, können Sie die Übung aber auch ohne Band durchführen.

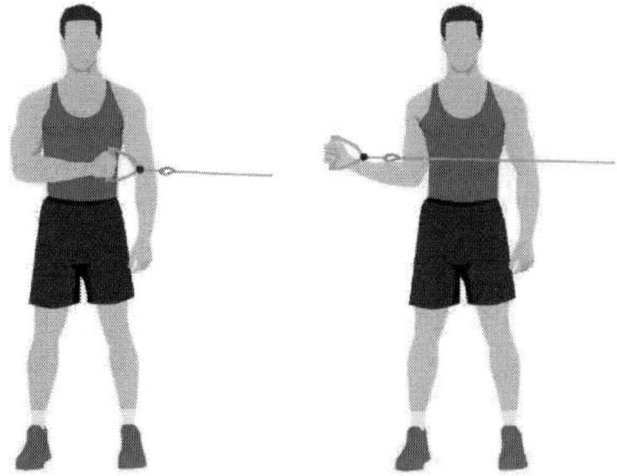

- Befestigen Sie das Widerstandsband zunächst etwa auf der Höhe Ihrer Ellenbogen und stellen Sie sich parallel zum Band auf, sodass das Widerstandsband vor Ihrem Körper verläuft.
- Greifen Sie das Band nun mit Ihrer dem Widerstandsband gegenüberliegenden Hand. Dabei bleibt Ihr Ellenbogen nah an Ihrem Körper liegen und bildet einen rechten Winkel.
- Anschließend ziehen Sie das Widerstandsband nach außen, indem Sie dafür lediglich Ihren Unterarm nach außen drehen.
- Führen Sie das Band wieder kontrolliert zurück und wiederholen Sie die Übung auf jeder Seite zehnmal.

Sobald Ihre Schultern aufgewärmt sind, empfiehlt es sich, diese ein wenig zu dehnen und Ihre Schultern dabei sowohl durch eine Innenrotation als auch durch eine Außenrotation zu dehnen.

Anleitung Schulterdehnung mit Innenrotation

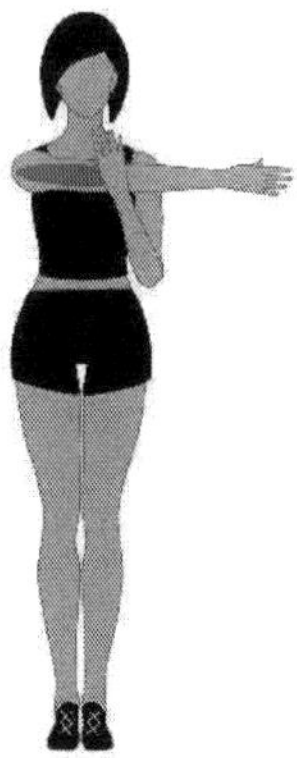

- Stellen Sie sich zunächst aufrecht hin und bringen Sie einen Arm zur gegenüberliegenden Schulter, wobei Sie Ihren Ellenbogen auf Schulterhöhe anheben.
- Greifen Sie mit Ihrer freien Hand nach dem Ellenbogen und ziehen Sie diesen so weit bis zu Ihrer gegenüberliegenden Schulter, bis Sie einen leichten Widerstand verspüren.
- Halten Sie diese Position für etwa zehn bis fünfzehn Sekunden und wechseln Sie anschließen die Seite.

Anleitung Schulterdehnung mit Außenrotation:

- Stellen Sie sich hüftbreit und aufrecht auf. Wenn Sie möchten, können Sie Ihren Rücken gerne gegen eine Wand lehnen.
- Spreizen Sie Ihre beiden Arme nun in einem rechten Winkel im Schultergelenk nach außen ab und winkeln Sie gleichzeitig Ihre Ellenbogen ebenfalls in einem rechten Winkel an.
- Anschließend führen Sie beide Unterarme zur selben Zeit nach oben hinten, wobei Sie den 90-Grad-Winkel in Ihrer Armbeuge beibehalten.
- Halten Sie die Position für zehn Sekunden und bringen Sie dann Ihre Unterarme zurück in die Ausgangsposition und halten Sie diese für weitere zehn Sekunden.
- Wiederholen Sie die Übung insgesamt fünfzehnmal.

Nachdem Sie Ihre Schultern ausreichend aufgewärmt und gedehnt haben, sollten Sie im Anschluss Ihre Wirbelsäule mobilisieren.

Anleitung Katze-Kuh

• Begeben Sie sich in einen Vierfüßlerstand auf eine Matte. Dabei sollten sich Ihre Hände unter Ihren Schultern befinden, wobei Ihre Finger weit aufgefächert sind und somit für einen stabilen Stand sorgen. Außerdem sollten Ihre Beine hüftbreit auseinander aufgestellt sein und sich Ihre Oberschenkel senkrecht unterhalb Ihrer Hüfte befinden.

• Halten Sie Ihren Kopf in Verlängerung zur Wirbelsäule und Ihren Rücken in einer neutralen Position, während Ihr Blick nach unten wandert.

• Im Zuge der nächsten Einatmung ziehen Sie zuerst Ihren Bauchnabel ein und kippen gleichzeitig Ihr Becken, wobei sich Ihre Wirbelsäule in die Richtung der Decke bewegt. Ziehen Sie außerdem Ihr Kinn zur Brust.

• Anschließend atmen Sie aus und begeben sich dabei in die entgegengesetzte Position. Dafür beugen Sie Ihren Rücken nach unten, ziehen Ihre Schultern nach hinten und heben zur selben Zeit Ihren Kopf, wobei Ihr Blick Richtung Decke geht.

• Wechseln Sie einige Male zwischen der Katze- und der Kuh-Stellung.

Anleitung Windmühle

• Stellen Sie sich in einem gegrätschten Stand mit leicht nach außen zeigenden Zehenspitzen aufrecht auf.

• Spannen Sie Ihren Bauch, Ihren Rücken und Ihr Gesäß an, beugen Sie Ihren Oberkörper langsam und kontrolliert nach vorne unten und berühren Sie entweder mit Ihren Fingerspitzen oder mit Ihren Handflächen den Boden.

• Bringen Sie einen Arm so weit in die Richtung der Decke, dass Ihre beiden Arme eine senkrechte Linie bilden. Wenn Sie Ihren Arm nach oben strecken, schauen Sie Ihrem Arm hinterher, sodass sich Ihr Kopf mitdreht.

• Bewegen Sie sich anschließend wieder langsam zurück in die Ausgangsposition und führen Sie die Übung nun auf der anderen Seite aus.

• Wiederholen Sie die Übung insgesamt fünfmal pro Seite.

Zu diesem Zeitpunkt sollte Ihr Oberkörper bereits gut durchblutet und mobilisiert sein, sodass Sie nun Ihren Unterkörper aufwärmen können.

Anleitung Ausfallschritt

- Stellen Sie sich zunächst schulterbreit auf.
- Machen Sie nun zuerst mit Ihrem linken Bein einen großen Schritt nach vorne und beugen Sie zur selben Zeit Ihr rechtes Knie zum Boden, wobei Sie Ihren rechten Fuß am Boden aufsetzen.
- Halten Sie Ihr Becken gerade und bringen Sie dieses so weit zum Boden, bis Sie eine leichte Dehnung in Ihrer Hüfte und dem Quadrizeps Ihres hinteren Beins verspüren.
- Verweilen Sie für einige Atemzüge in dieser Position und wechseln Sie anschließend die Seite.

Anleitung Halber Spagat

- Begeben Sie sich zunächst in einen Vierfüßlerstand.
- Stellen Sie nun zuerst Ihr rechtes Bein vorne zwischen Ihren beiden Händen auf. Achten Sie währenddessen darauf, dass Ihr hinteres aufliegendes Knie einen rechten Winkel bildet und dass Ihre Hüfte zentriert ist und nicht absackt. Ziehen Sie nun den Fuß Ihres vorderen Beines an.
- Strecken Sie Ihren Oberkörper im Zuge der nächsten Einatmung in die Länge, wobei Sie Ihren Bauch in die Richtung Ihres vorderen Beins absenken. Halten Sie die Position für einige Atemzüge, lösen Sie diese langsam auf, wechseln Sie anschließend die Seite und wiederholen Sie die Übung auf jeder Seite dreimal.

Anleitung Quadrizeps-Dehnung

- Stellen Sie sich hüftbreit und aufrecht hin, wobei Ihre Fußspitzen nach vorne zeigen.

- Nun beugen Sie zuerst Ihr rechtes Bein nach hinten, sodass Ihr rechter Unterschenkel am rechten Oberschenkel angewinkelt anliegt.
- Umfassen Sie Ihren rechten Fuß am Spann und ziehen Sie Ihren Unterschenkel noch etwas weiter an Ihren Oberschenkel heran. Achten Sie hierbei darauf, dass Sie Ihren Rücken und Ihre Hüfte gerade halten, und stützen Sie sich, bei Bedarf, mit einer Hand an der Wand ab.
- Halten Sie die Dehnung für etwa zehn Sekunden und wiederholen Sie die Übung dreimal pro Bein.

Nachdem Sie sich nun vollständig aufgewärmt haben, ist Ihr Körper bereit für die bevorstehende Session. Die in diesem Kapitel präsentierten Übungen sind natürlich nur Vorschläge für eine beispielhafte Aufwärmroutine und dienen somit als Inspiration. Gerne können Sie die Übungen auch beliebig austauschen und Ihr eigenes Warm-up-Programm nach Ihren Präferenzen und möglichen Einschränkungen gestalten.

Die physische Vorbereitung vor dem Bondage oder dem Shibari ist neben der emotionalen Vorbereitung essentiell, um das Wohlbefinden, die Sicherheit und den Genuss beider Partner zu gewährleisten. Dabei legt die körperliche Vorbereitung nicht nur die Grundlage für eine positive Erfahrung, sondern auch für eine verantwortungsvolle Session, in der sowohl die körperliche Gesundheit als auch die emotionalen Bedürfnisse beider Partner berücksichtigt werden.

GESTALTUNG DER RICHTIGEN ATMOSPHÄRE

Neben der emotionalen und physischen Vorbereitung ist auch die Gestaltung der richtigen Atmosphäre für eine Bondage-Session entscheidend, da sie dazu beiträgt, eine sinnliche und entspannte Umgebung zu schaffen, in der sich beide Partner wohlfühlen. Um eine Atmosphäre des Vertrauens und der Geborgenheit zu schaffen, sollten Sie in jedem Fall einen privaten Ort für Ihre Bondage-Session auswählen, an dem Sie vollkommen ungestört sind. Auf der einen Seite sollte dieser Ort bequem und gut zu erreichen sein, um die Bewegungsfreiheit während des Aktes zu gewährleisten. Auf der anderen Seite muss er selbstverständlich sauber und sicher sein und alle potentiell gefährlichen Gegenstände – wie zum Beispiel Objekte mit scharfen Kanten, offene Feuerquellen oder Chemikalien – müssen vor Beginn der Session entfernt werden. Im Zuge dessen sollte nicht nur das Bondage-Equipment ausgewählt, überprüft und bereitgelegt werden, sondern alle Utensilien und Accessoires sollten auch gründlich gereinigt werden.

Weiche Decken und bequeme Kissen tragen vor allem zum Komfort des Bottoms bei und sanfte Requisiten, wie beispielsweise Augenbinden und Federkitzler, können verwendet werden, um die Sinne des Passiven zu intensivieren und zu stimulieren, die Spannung zu steigern und das Vergnügen beider Partner somit zu erhöhen.

Im Raum, in dem die Session stattfinden wird, sollte außerdem eine angenehme Temperatur herrschen. Beim Bondage oder beim Shibari ist die Kleidung, wenn überhaupt welche getragen wird, oftmals sehr kurz und dünn. Der Bottom muss also eine gewisse Zeit nackt oder fast nackt in bestimmten Positionen ausharren und neigt deshalb schneller dazu, zu frieren.

Beim BDSM ist jedoch nicht nur die Wärme entscheidend, sondern auch eine wohlfühlende Atmosphäre wichtig, die durch verschiedene Beleuchtungselemente geschaffen werden kann. Hierfür empfehlen sich zum Beispiel Lampen mit einem warmen und gedämpften Licht, da sie eine entspannte und zugleich intime Atmosphäre schaffen. Darüber hinaus kann Kerzenlicht eine romantische Stimmung erzeugen und Duftkerzen oder ätherische Öle verschaffen dem Ganzen noch eine sinnliche Note und verbreiten einen angenehmen Duft im Raum. Kerzen sollten allerdings immer so platziert werden, dass diese keinerlei Brandgefahr darstellen.

Abgerundet werden kann die perfekte intime Atmosphäre schließlich mit passender Musik, die ganz nach Ihrem individuellen Geschmack ausgewählt werden kann. Einige Bondage-Liebhaber bevorzugen ruhige und sinnliche Hintergrundmusik, die die Stimmung der Session unterstreicht, während andere BDSM-Enthusiasten lieber Gothic-Musik oder harte Industrialklänge bevorzugen.

Eine sorgfältige Planung und Vorbereitung der Bondage- oder Shibari-Session ist essentiell, um eine entspannte, sinnliche und intime Atmosphäre während des Akts zu schaffen. Dabei können insbesondere die Auswahl des Ortes, die Verwendung von Accessoires und Requisiten, die Temperatur, die Wärme sowie die Beleuchtung die Stimmung beider Partner erheblich beeinflussen und somit dazu beitragen, dass Top und Bottom eine erfüllende Erfahrung erleben können. Im Endeffekt sollte die Atmosphäre während der Session aber immer auch auf die individuellen Bedürfnisse und Wünsche der beiden Partner abgestimmt werden, da nur so die bestmögliche Bondage-Erfahrung gewährleistet werden kann.

IV. Fesselpositionen

EINFACHE ANFÄNGER-POSITIONEN

In den ersten beiden Abschnitten dieses Kapitels liegt der Schwerpunkt auf dem Seilbondage, da es im Vergleich zu anderen Materialien variantenreicher und komplexer ist. Dabei besteht der grundlegende Reiz des Seilbondage vor allem darin, dass es Ihnen Raum für Experimente bietet, damit Sie neue Positionen ausprobieren und neue Techniken erlernen können. Einer der bedeutendsten Vorteile von Seilen im Vergleich zu anderen Fesselmethoden ist außerdem die Tatsache, dass Sie mit ihrer Hilfe eine eigene Lernkurve durchlaufen können. Dabei sind die in diesem und im nächsten Kapitel vorgestellten Techniken lediglich Ausgangspunkte für das breite Spektrum an Möglichkeiten, das Ihnen Bondage und Shibari bietet. Außerdem steht es Ihnen natürlich frei, mit dem Equipment zu experimentieren und zum Beispiel verschiedene Materialien von Seilen zu nutzen, diese mit Tüchern auszutauschen oder zusätzlich weitere Utensilien mit den Seilen zu kombinieren und dadurch Ihr eigenes Spiel mit eigenen Varianten zu entwickeln.

Handgelenksfesselung

Eine Hand- oder Handgelenksfessel ist die ideale Anfängerfesselung für Bondage-Liebhaber und sogar für die meisten Menschen, die nicht Teil der BDSM-Dynamik sein möchten, gut vorstellbar. Grundsätzlich können Sie die Hände dabei, je nach Lust oder praktischen Überlegungen, vor dem Körper oder auf dem Rücken sowie mit gekreuzten Handgelenken oder mit zusammengelegten Handflächen schnell und sicher mit allen möglichen Utensilien zum Fesseln fixieren.

Beim Fesseln der Handgelenke sollten Sie allerdings immer beachten, dass das Seil, je nach Haltung, Druck auf den Puls des Handgelenks des unterworfenen Partners ausübt. Aus diesem Grund sollte die Fesselung nicht zu straff sein. Auf der anderen Seite darf die Fesselung jedoch auch nicht zu locker sein, da sich der Bottom ansonsten problemlos daraus befreien könnte. In der Regel sollten Sie immer zwei bis drei Finger unter die Fesselung legen können. Bei Handgelenksfesselungen in Rückenlage sollten Sie zudem beachten, dass die Hände und Arme des Passiven schnell einschlafen können.

Anleitung Handgelenksfesselung vor dem Körper mit Händen in Gebetshaltung

- Zu Beginn der Fesselung legt der Bottom seine Handflächen zusammen.
- Der Top nimmt sich ein mindestens ein Meter langes Seil zur Hand und legt dieses mit mehreren Windungen um beide Handgelenke des Bottoms, um den Druck des Seils besser zu verteilen.
- Anschließend führt der Aktive das längere Seilende zwischen den Händen des Passiven hindurch und wickelt das Seil nun zweimal zwischen seinen Händen.
- Abschließend wird das Seil mit einem Kreuzknoten gesichert (siehe Kapitel „Grundlegende Knoten und Techniken“).

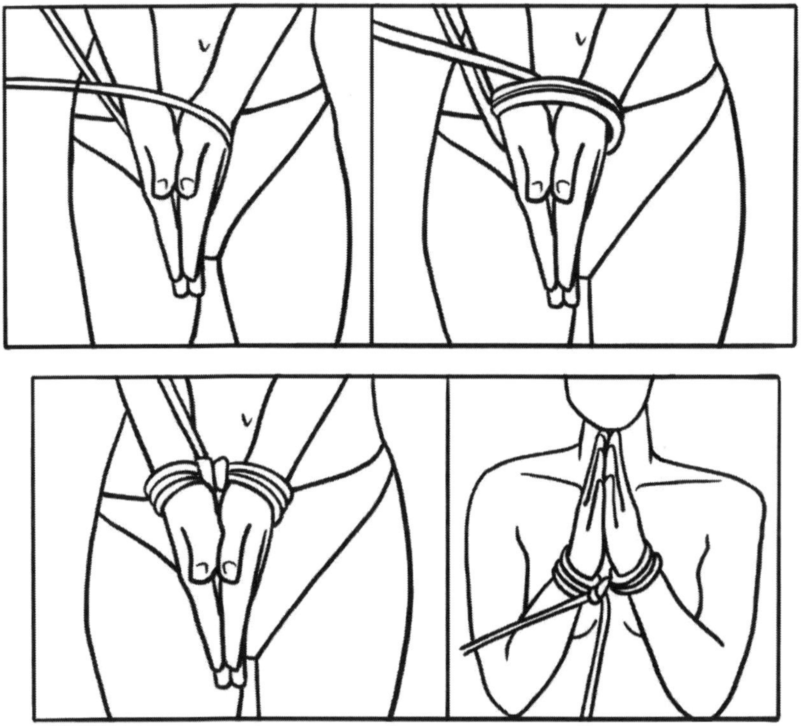

Tipp: Wenn die Hände des Bottoms vor dem Körper gefesselt bleiben sollen, sollte der Kreuzknoten unterhalb seiner Hände gebunden werden. Wenn seine Hände jedoch über seinen Kopf gezogen werden sollen, sollte der Kreuzknoten über seinen Händen gebunden werden, um das optische Bild während der Fesselung nicht zu stören.

Anleitung Handgelenksfesselung auf dem Rücken mit gekreuzten Handgelenken

- Der Bottom legt seine Hände zunächst gekreuzt hinter seinen Rücken.
- Der Top nimmt nun ein mindestens ein Meter langes Seil zur Hand und legt die Seilwindung mehrmals um die Handgelenke des Subs.
- Anschließend führt er das Seil ein- oder zweimal zwischen den Händen des Passiven hindurch und fixiert die Fesselung mit einem Kreuzknoten.

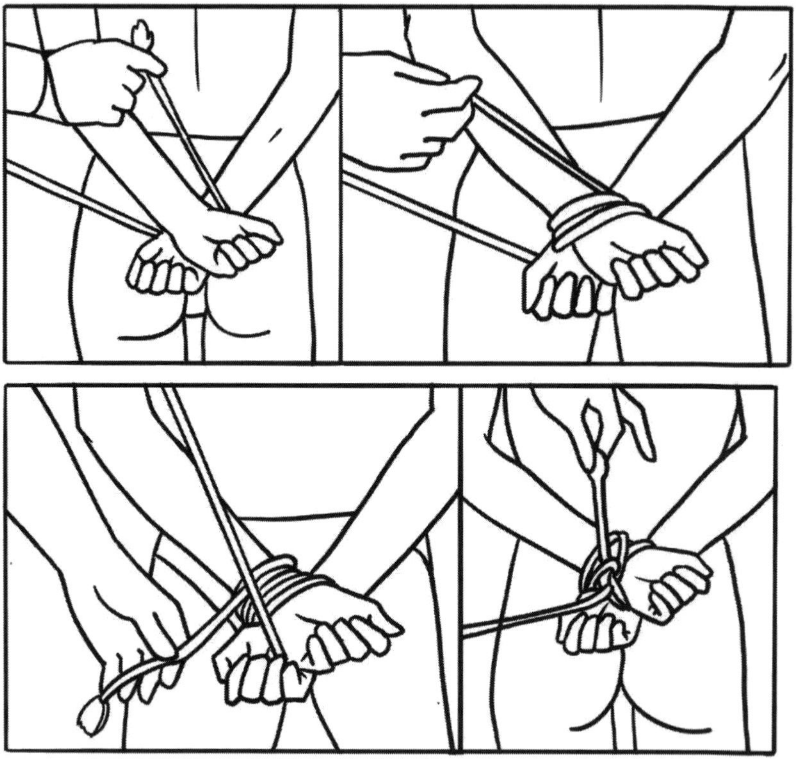

Anleitung Handgelenkskette

• Der Top nimmt ein mindestens zwei Meter langes Seil zur Hand und formt damit, beginnend in der Seilmitte, ein U.

• Anschließend wickelt er die beiden Seilenden nach innen um das gerade gebildete U, sodass sich jeweils eine große Schlaufe auf beiden Seiten (an den Ausläufen der U-Form) ergibt. Die Schlaufen werden dann übereinandergelegt.

• Nun führt der Bottom beide Arme durch die beiden Schlaufen des Seils, woraufhin der Top das Seil festzieht.

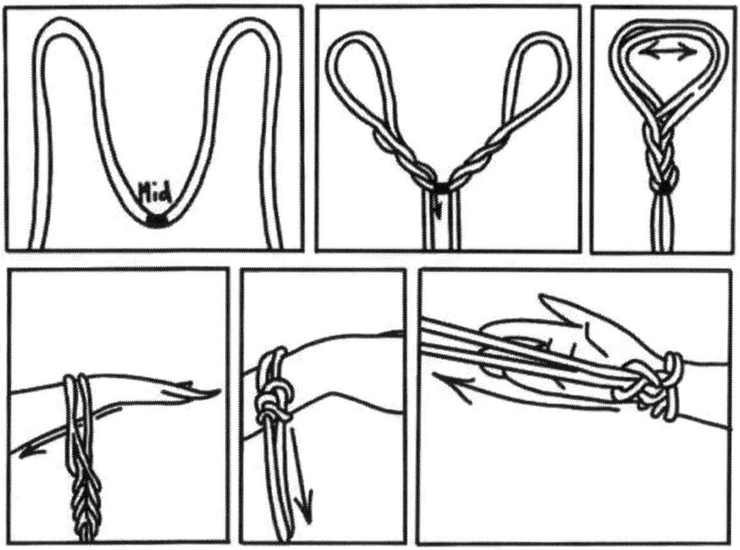

Tipp: Um ein optisch stilvolles Erscheinungsbild zu schaffen, sollte der Top das Seil unterhalb des Arms entlang des Handgelenks des Bottoms legen.

Fußgelenksfesselung

Die Fußgelenksfesselung erhöht nicht nur die subjektiv empfundene Wehrlosigkeit des Bottoms, sondern verhindert auch, dass dieser während der Szene weglaufen oder treten kann. Alle sogenannten Ankle-Tie-Techniken haben dabei gemeinsam, dass der unterworfene Partner immer im Sitzen oder im Liegen gefesselt werden sollte, da er umfallen und sich selbst oder den Top verletzen könnte, wenn er im Stehen gefesselt wird.

Anleitung parallele Fußgelenksfesselung

- Für die parallele Fußgelenksfesselung setzt oder legt sich der Bottom zunächst hin.
- Der Top nimmt ein drei Meter langes Seil zur Hand, legt die Mitte des Seils auf die Schienbeine des Bottoms und schlingt die Enden einige Male locker und entgegengesetzt um seine beiden Fußgelenke herum.
- Sobald beide Seilenden nur noch etwa 80 Zentimeter lang sind, dreht der Aktive die beiden Enden um 90 Grad und wickelt diese noch ein letztes Mal zwischen den Fußgelenken des unterworfenen Partners hindurch und fixiert die Fesselung schließlich mit einem Kreuzknoten.

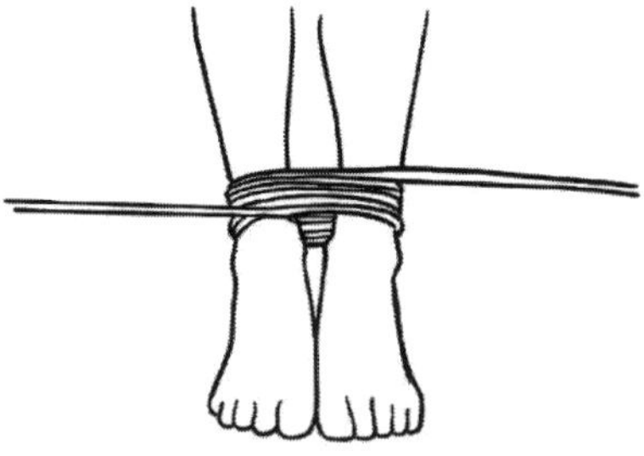

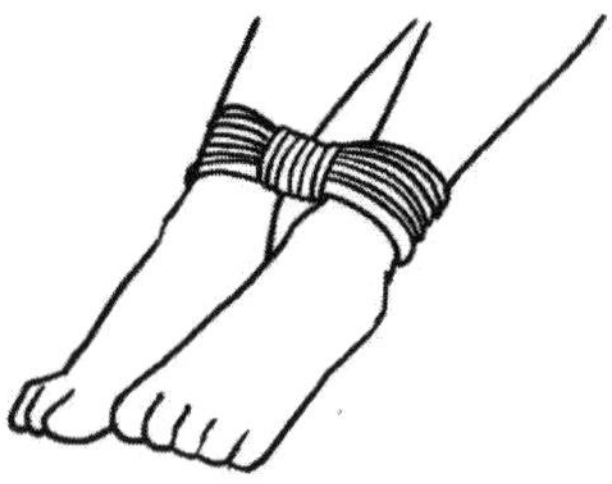

Tipp: Als Alternative zur parallelen Fußgelenksfesselung können die Füße des passiven Partners auch gekreuzt gefesselt werden. Eine gekreuzte Fußfesselung hindert den Bottom daran, alleine zu stehen oder zu hoppeln, während er bei parallel zusammengebundenen Füßen notfalls alleine sowie mit Hilfe stehen kann, sich vorsichtig hüpfend fortbewegen und seine Beine gerade durchdrücken kann. Außerdem kann er auf dem Bauch, dem Rücken oder auf der Seite liegen, wohingegen der unterworfene Partner mit einer gekreuzten Fußfesselung nicht lange auf der Seite liegen kann, da er sein oben liegendes Bein nicht entspannen kann, ohne dass er dabei die Fesseln zu straff zieht.

Anleitung Fußgelenksfesselung mit der Kopfschlingentechnik

- Für die Fußgelenksfesselung mit der Kopfschlingentechnik setzt oder legt sich der Bottom zunächst hin.
- Der Top nimmt auch für diese Fesselung ein drei Meter langes Seil zur Hand, das er doppelt legt.
- Anschließend greift er die Schlinge am Seilende, wickelt das doppelte Seil um die Fußgelenke des Bottoms und steckt die losen Enden dann durch die Seilschlinge hindurch.
- Nun zieht er die beiden losen Enden durch die Schlinge. An dieser Stelle ist es außerdem wichtig, dass der Aktive die Seilspannung reguliert. Hierbei sollte er darauf achten, dass ein oder zwei Finger zwischen Seil und Haut passen.
- Im Anschluss kann der Dom das Seil noch einmal um die Füße des Subs herumwickeln, bevor er das Seil um 90 Grad dreht und das Seil abschließend zwischen seinen Füßen hindurchwickelt, dadurch die Spannung erneut reguliert und die Fessel mit einem Kreuzknoten beendet.

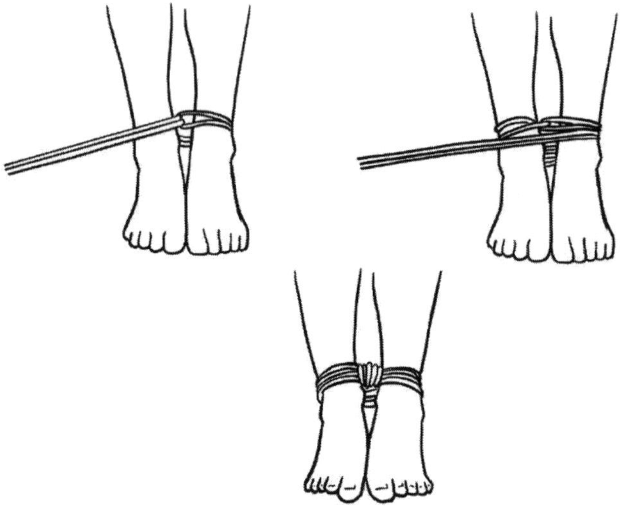

Tipp: Die Fußgelenke des Bottoms sollten nicht zu fest zusammengebunden werden. Es ist vollkommen ausreichend, wenn der Top einen oder zwei Finger zwischen die Haut des Passiven und das Seil stecken kann. Die Fußfesselung kann außerdem bequemer gestaltet werden, wenn der Bottom Socken und/oder Stiefel anzieht.

Kniefesselung

Neben der Fesselung von Hand- und Fußgelenken ist auch das Zusammenbinden der Knie des unterworfenen Partners eine einfache Technik, die sich vor allem für Bondage-Anfänger hervorragend eignet. Ähnlich wie beim Fesseln der Fußgelenke ist es wichtig, dass das Seil nicht zu fest gezogen wird, um zu verhindern, dass die Knochen des Subs aufeinanderdrücken. Auch bei dieser Fesselung gilt, dass der Top idealerweise zwei Finger zwischen die Haut des Passiven und das Seil stecken kann.

Anleitung Kniefesselung mit der Kopfschlingentechnik

- Der Sub legt oder setzt sich zunächst hin und streckt seine Beine gerade aus.
- Der Dom nimmt sich ein drei Meter langes Seil zur Hand, legt dieses doppelt und greift dann das Ende der Schlinge.
- Anschließend wickelt der Top das Seil einmal um die Beine des Bottoms, wobei er mit der Wicklung kurz unterhalb seiner Knie beginnt und die beiden losen Enden des Seils auf der Vorderseite durch die Schlinge zieht.
- Nun kann der Top die Spannung des Seils regulieren und dieses im Anschluss noch ein- oder zweimal um die Unterschenkel des unterworfenen Partners in Richtung seiner Füße wickeln.
- Abschließend wechselt der Aktive die Richtung und wickelt das Seil gegenläufig zwischen den Unterschenkeln des Passiven und beendet die Fesselung mit einem einfachen Kreuzknoten.

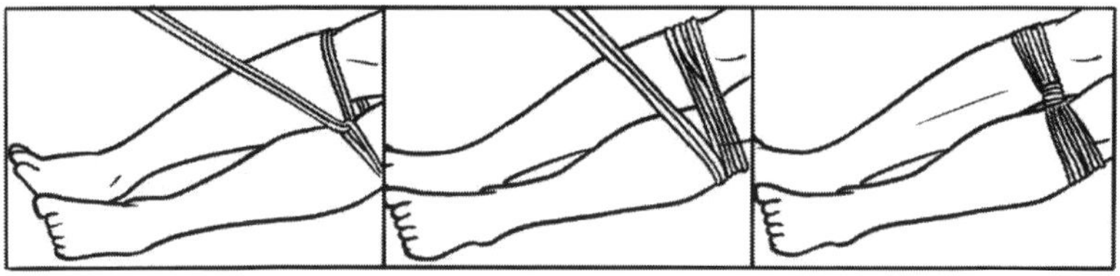

Tipp: Wenn die Knie des Bottoms zusätzlich zu bereits gefesselten Fußgelenken zusammengebunden werden sollen, müssen die Fußgelenke des Subs in jedem Fall parallel fixiert worden sein, da die Fesselung an den Fußgelenken ansonsten zu stramm werden und schnell zu Problemen führen würde.

Sitzen und Liegen

Da Bondage und Shibari bei vielen Menschen Teil eines erotisierenden Vorspiels ist, möchten viele dominierende Partner den unterwürfigen Partner im Liegen im Bett oder im Sitzen auf dem Boden oder an einem Stuhl fesseln. Werden zusätzlich die Handgelenke des Subs zusammengebunden, können die Unterwürfigkeit sowie das Gefühl des Kontrollverlusts durch die Fesselung im Sitzen oder im Liegen noch einmal verstärkt werden.

Anleitung liegende Fesselung der Hände an die Oberschenkel

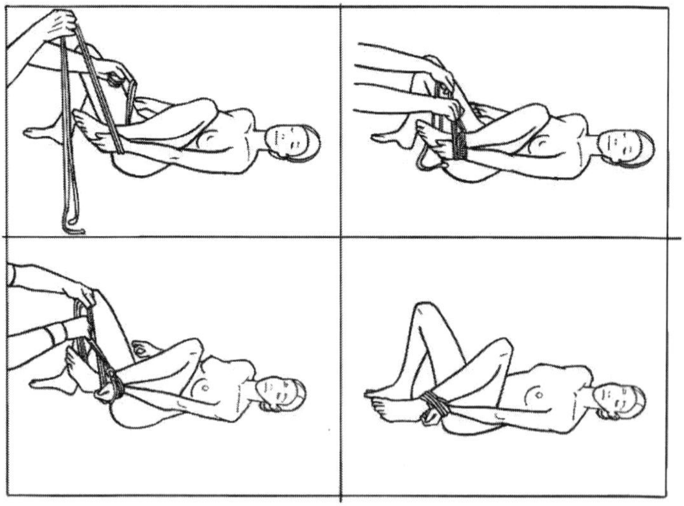

- Der Bottom legt sich in Rückenlage hin, winkelt seine Beine an und greift mit seiner linken Hand seinen linken Fuß, wobei sein Handgelenk an seinem Fußknöchel anliegt.
- Der Top nimmt ein eineinhalb Meter langes Seil zur Hand und legt dieses doppelt. Die Seilseite mit der Schlinge ist dabei das feste Ende, während die andere Seite das laufende Ende ist.
- Der Aktive legt das Seil nun einmal von unten um das linke Handgelenk und den linken Fußknöchel des Passiven.
- Anschließend schlingt der Dom das laufende Ende mehrmals symmetrisch um das Handgelenk und das Fußgelenk des Unterworfenen und verdreht das laufende und das feste Ende dann so gegeneinander, dass das Seil eine X-Form annimmt.
- Nun wird das laufende Ende einmal um die soeben gelegten Schlingen zwischen dem Handgelenk und dem Fußknöchel hindurchgezogen, bevor die Enden miteinander verknotet werden.
- Abschließend kann die Fesselung noch am rechten Handgelenk und dem rechten Fußgelenk des Subs durchgeführt werden.

Anleitung Fesselung in Sitzhaltung

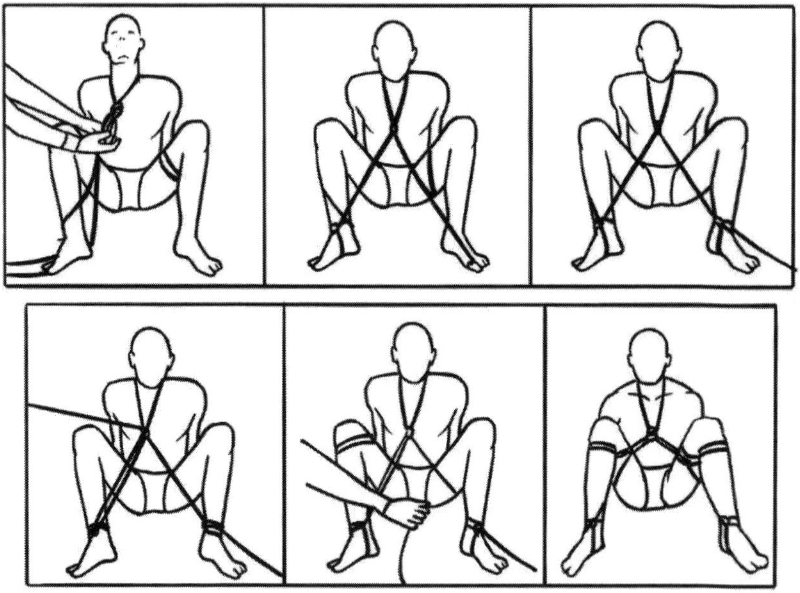

• Der Sub setzt sich hin, winkelt seine Beine an und positioniert seine Arme auf dem Rücken.

• Der Dom nimmt ein etwa sechs Meter langes Seil doppelt und legt die Schlinge des Seils um den Nacken des Bottoms.

• Auf der Höhe des Brustbeins macht der Top nun eine Lauföse (siehe Kapitel „Befestigungsknoten"). Damit er die beiden Enden des Seils nicht durcheinanderbringt, kann der Top den großen Zeh des Bottoms als Haltepunkt nutzen.

• Nun führt der Aktive das erste auslaufende Seilende von innen um den Fuß des Passiven und zieht dieses einmal hinter dem Seil durch, das vom Hals hinabführt.

• Anschließend führt er das Seilende wieder über den unteren Teil des Fußknöchels, von hinten um den Fuß, zurück.

- Im Anschluss zieht der Top das Seil erneut hinter dem vom Hals abwärts laufenden Seil durch und befestigt es mit einem einfachen Knoten, bevor er denselben Ablauf beim anderen Bein wiederholt.
- Nachdem beide Füße gefesselt wurden, nimmt der Aktive ein freies Seilende und führt dieses hoch zu dem Knoten, der sich über dem Brustbein des Bottoms befindet, und zieht es dort durch die Schlinge.
- Von der Schlinge ausgehend führt er das Seil runter zur Kniekehle, schlingt es von außen um das Bein des Passiven und zieht es anschließend hinter dem herabführenden Seil hindurch. Gerne kann an dieser Stelle noch eine weitere Windung gemacht werden.
- Das Seilende wird nun mit einem einfachen Knoten fixiert, bevor derselbe Ablauf beim anderen Bein wiederholt wird.
- Das überschüssige Seil kann auf beiden Seiten jeweils optional hoch zum Knoten vor dem Brustbein gewickelt werden.

Tipp: Für eine intensivere Fesselung und ein stärkeres Gefühl der Hilflosigkeit des Bottoms können zusätzlich seine Hände hinter seinem Rücken gefesselt werden.

Brustgeschirr

Im Shibari oder beim Bondage kann ein Brustgeschirr, das auch als Chest Harness bekannt ist, entweder alleine stehen oder als Grundlage für weitere Fesselungen dienen. Dementsprechend kann ein Brustgeschirr einfach oder komplizierter und dekorativer gestaltet werden. Bevor Sie sich jedoch an komplexere Varianten des Chest Harness heranwagen, sollten Sie sich zunächst am Grundgerüst üben, auf dem viele andere Brustgeschirre aufbauen. Sobald Sie im Schnüren von Brustgeschirren geübt sind, können Sie beginnen, ein wenig herumzuexperimentieren und das Brustgeschirr zum Beispiel mithilfe von Verbindungsknoten, mit anderen Seilen oder Bändern erweitern oder unterschiedliche Seilmaterialien ausprobieren. Denn verschiedene Materialien können sich selbst mit derselben Fesseltechnik unterschiedlich auf der Haut anfühlen.

Anleitung Chest Harness

- Der Top nimmt sich ein mindestens zehn Meter langes Seil zur Hand, legt dieses doppelt und wickelt das Seil direkt unterhalb der Brust von vorne nach hinten um den Rumpf des Bottoms

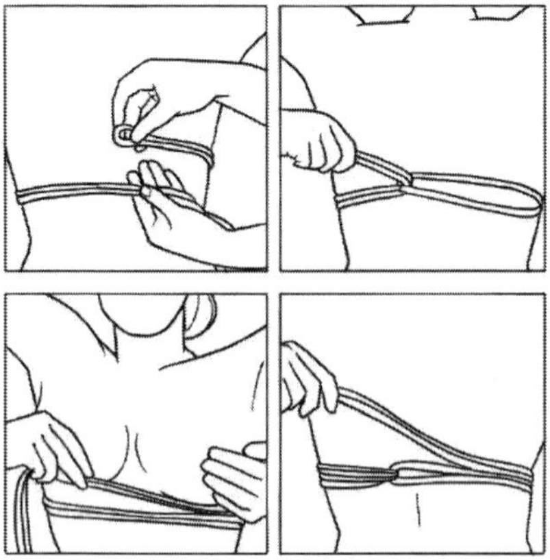

• Dann zieht er die Seilenden durch die Schlinge des doppelt gelegten Seils und zieht die Enden dabei in die Richtung zurück, aus der er das Seil in die Schlinge geführt hat. Wichtig an dieser Stelle ist, dass der Druckpunkt des doppelten Seils (Schlinge) nicht direkt auf der Wirbelsäule des Passiven aufliegt, sondern sich daneben befindet.

• Nun wickelt der aktive Partner das Seil ein zweites Mal um den Torso des passiven Partners, wobei er das Seil oberhalb der ersten Seillinie, direkt unter der Brust, ansetzt.

• Indem der Top das Seil ein weiteres Mal um den Bottom wickelt, erschafft er auf seinem Rücken eine zweite Schlaufe, durch die er das Seil von oben hindurchsteckt und die Enden anschließend nach oben und zurück in die Richtung zieht, aus der er das Seil eingeführt hat. Dadurch entsteht eine umgekehrte Spannung.

• Anschließend wickelt der Top das Seil oberhalb der Brust des Bottoms und zieht die Enden von unten durch die Schlinge hindurch, die sich durch die neue Umwicklung ergeben hat, und zieht das Seil schließlich wieder in die Richtung, aus der es gekommen ist.

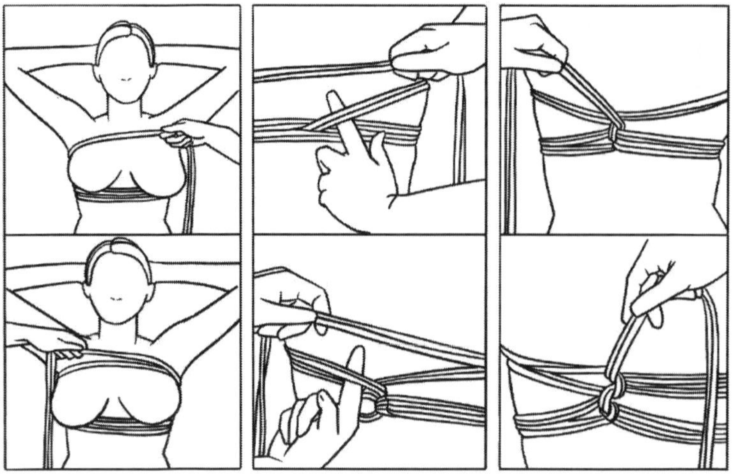

• Nun wiederholt der Aktive die Wicklung ein viertes Mal und legt das Seil dabei oberhalb der dritten Wicklung auf der Brust des Passiven an, zieht die Enden wieder von unten durch die neu entstandene Schlinge hindurch und zieht das Seil schließlich erneut in die Richtung, aus der es gekommen ist.

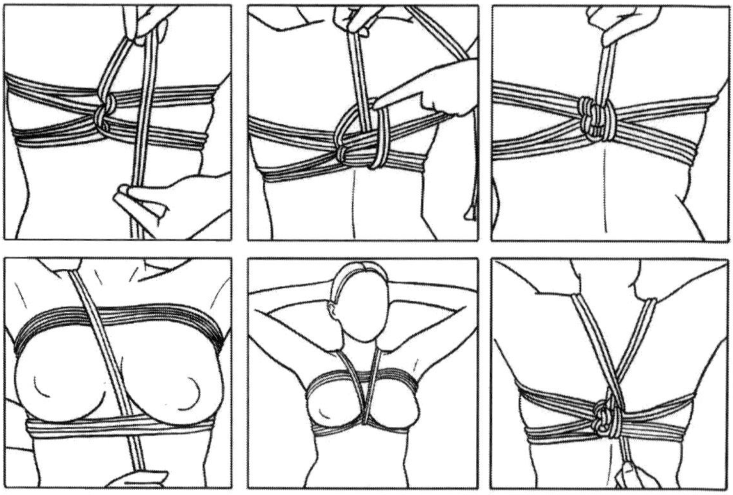

• Im Anschluss hält der Dom das Seil, auf dem Rücken des Subs, etwa fünf Zentimeter oberhalb des Geschirrs fest und lässt die Seilenden nach unten fallen, um diese dann unter allen anderen Wicklungen des Harness hindurchzuschieben und die Enden durch die eben entstandene Schlaufe zu ziehen.

• Im nächsten Schritt zieht der aktive Partner die Seilenden über eine beliebige Schulter des passiven Partners, steckt sie unter den beiden unteren Umwicklungen hindurch und zieht sie fest, um die Seilenden anschließend über die andere Schulter zu legen und diese unter den Enden aller vier Wicklungen hindurchzustecken und festzuziehen.

• Danach zieht der Aktive das Seil mit der rechten Hand über den Brustgurt und zieht die Seilenden dann mit der linken Hand auf die andere

Seite, wo er die losen Enden unter die beiden Schultergurte führt und die Enden dann durch die soeben entstandene Schlaufe zieht.

• An dieser Stelle ist das Brustgeschirr fertig. Das überschüssige Seil kann jedoch zunächst gemeinsam um beide Schultergurte und anschließend einzeln um jeweils einen Schultergurt gewickelt werden.

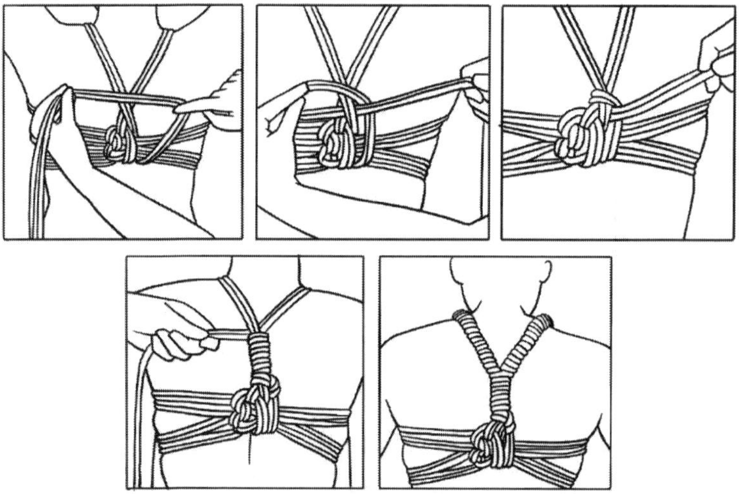

Tipp 1: Je nach Körpergröße und Körperform des Bottoms könnte ein längeres Seil benötigt werden. Sollten Sie die Fesselung mit einem kürzeren Seil begonnen haben und mitten in der Szene feststellen, dass dieses zu kurz ist, können Sie das Seil allerdings auch mit einem weiteren Seil und einem Verbindungsknoten verlängern. Ein zu langes Seil kann auf der anderen Seite mit dekorativen Details, einer zusätzlichen Handgelenksfesselung oder dem Freilegen des Schlüsselbeins verarbeitet werden.

Tipp 2: Bevor mit der Gestaltung des Brustgeschirrs begonnen wird, sollte die Brust des Bottoms genau betrachtet werden. In einigen Fällen können nämlich kleine Veränderungen erforderlich sein, zum Beispiel wenn der Bottom Brustimplantate, Hautausschläge, empfindliche Nippel, Körperbehaarung oder frische Piercings und Tattoos hat und deshalb einige Modifikationen erforderlich sind, wie zum Beispiel die Verringerung von extremem Druck auf Brustimplantate oder die vorsichtige Seilbewegung über empfindliche Haut.

Schultergeschirr

Ein Schultergeschirr, das auch als Shoulder Harness bekannt ist, kann genauso wie das Chest Harness rein ästhetischer Natur sein oder praktische Gründe haben und zum Beispiel als druckverteilende Anknüpfungspunkte für weitere Techniken dienen.

Anleitung Shoulder Harness

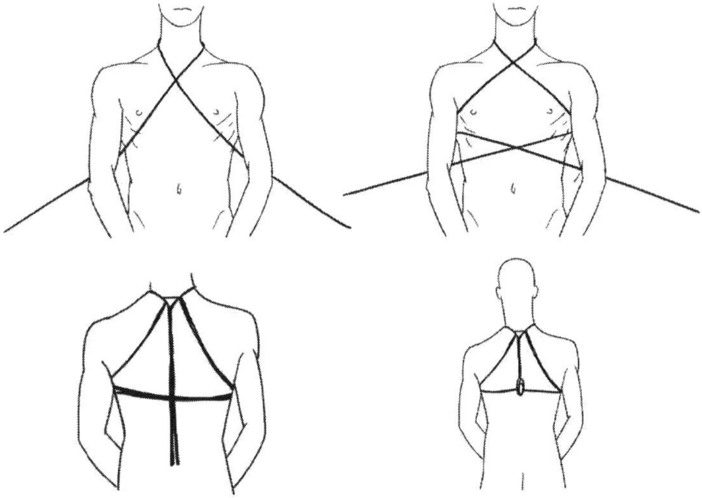

- Der Bottom stellt sich aufrecht und gerade hin.
- Der Top nimmt ein vier Meter langes Seil, legt die Mitte dieses Seils in das Genick des unterworfenen Partners und führt die Seilenden dann nach vorne zu seiner Brust.
- Anschließend überkreuzt er die beiden Enden des Seils vor dem Hals des Passiven und führt sie jeweils unter seinen beiden Achseln hindurch zum Rücken.
- Nun lässt der Aktive die beiden Seilenden gegenläufig den Rücken des Subs passieren und führt sie in Brusthöhe wieder nach vorne, um sie

dann noch einmal zu überkreuzen und erneut unter den Achseln nach hinten und nach oben zum Genick des Bottoms zu führen.

• Am Genick angekommen, steckt der Top die Seilenden unter das Seil, das den Hals umfasst, führt sie unter dem Seil, das auf Brusthöhe um den Bottom gewickelt ist, entlang und lässt beide Seilenden dann nach unten aushängen.

• Abschließend verknotet der Top die beiden Seilenden am unteren umlaufenden Seil mit den beiden horizontal verlaufenden Seilen.

Hogtie

Im ursprünglichen Sinn entstammt der Begriff Hogtie dem landwirtschaftlichen Sprachgebrauch und bezeichnet dabei das Zusammenbinden der Beine von Tieren, um diese zu transportieren oder sie an der Flucht zu hindern. Im Bondage bezieht sich der Hogtie auf eine Fesselung, bei der die Hände und Füße des unterworfenen Partners hinter seinem Rücken miteinander verbunden werden. Der Hogtie gehört dabei zu den eher unbequemen Fesseltechniken, bietet dem Top zugleich aber auch einen oftmals sehr voyeuristischen Genuss. Da diese Fesseltechnik in den meisten Fällen in Bauchlage ausgeführt wird, sollte hierbei die ungehinderte Atmung des Passiven regelmäßig kontrolliert werden.

Anleitung Hogtie

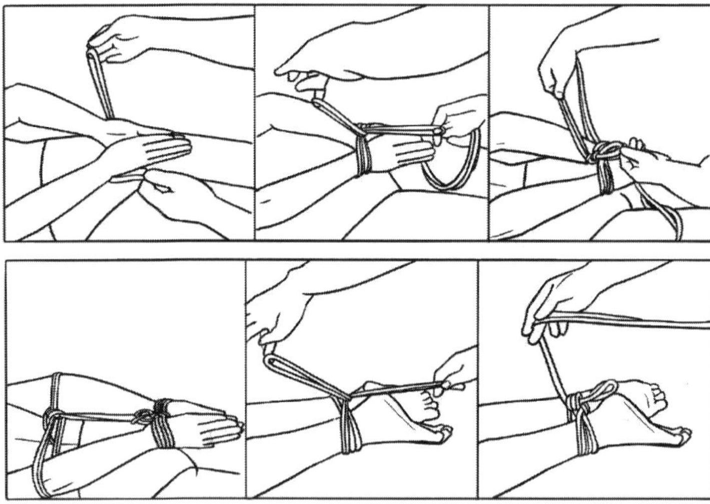

- Der Bottom legt sich zunächst in Bauchlage hin und bringt seine Hände auf dem Rücken zusammen.
- Der Top nimmt ein mindestens zwei Meter langes Seil zur Hand, legt dieses doppelt und wickelt es dreimal um die Handgelenke des Bottoms, um den Druck des Seils besser zu verteilen.
- Nun verdreht der Aktive die beiden Seilenden gegeneinander, sodass das Seil an den Handgelenken des Passiven ein X bildet.
- Anschließend zieht der Top das kurze Seilende mit der Schlinge einmal zwischen den Handgelenken des Bottoms hindurch und verknotet dieses dann mit dem freien Seilende. Wichtig ist an dieser Stelle, zu beachten, dass das Auge der Schlinge groß genug ist, damit das freie Ende des Doppelseils hindurchgezogen werden kann.
- Die Hogtie-Fesselung kann an diesem Punkt bereits beendet werden. Alternativ kann der Aktive noch die Ellenbogen des Passiven einbeziehen, indem er das Seil von hinten um die Ellenbogen des Bottoms legt und dieses in der Mitte straffzieht.

• Im Anschluss wickelt der Aktive das Seil zwischen den Ellenbogen einmal umeinander und fixiert es mit einer einfachen Schlinge und einem Knoten.

• Nachdem die Handgelenke fixiert wurden, wendet sich der Aktive den Füßen des Passiven zu und nimmt dafür wieder ein doppelt gelegtes Seil mit einer Länge von mindestens zwei Metern zur Hand, das er um beide Fußgelenke legt.

• Nun wickelt er das Seil mehrfach und nicht allzu straff um die Knöchel des Subs, um den Druck zu verteilen, bevor er beide Seilenden erneut gegeneinander verdreht.

• Zwischen den Knöcheln sollten nun zwei Windungen hindurchgeführt und diese mit einem Knoten gesichert werden.

• Das laufende Ende des doppelten Seils wird jetzt durch das Auge der Schlaufe gezogen und das freie Ende des Seils wird in Richtung der Handgelenke des Bottom zwischen ihnen hindurchgeführt.

• Je nachdem, wie flexibel der Bottom ist, kann das Seil nun straffer oder lockerer gezogen werden.

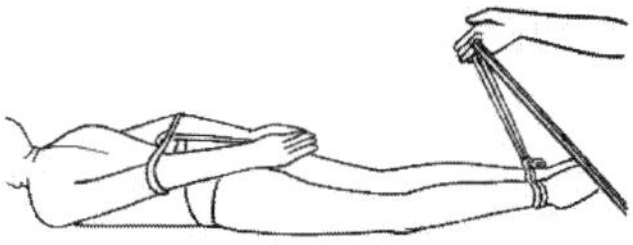

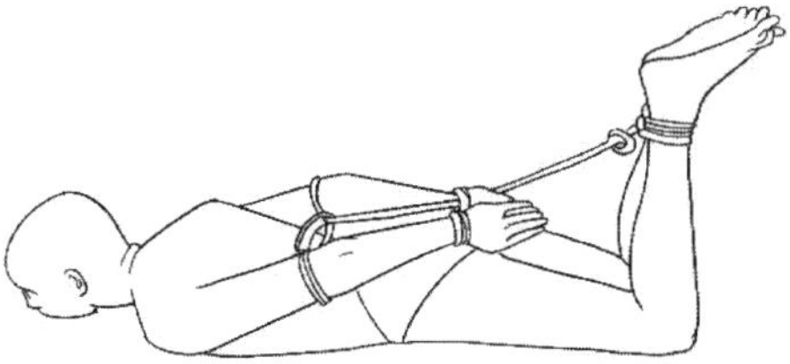

Bondagestangen

Beim Einsatz von Bondagestangen sind Ihrer Fantasie kaum Grenzen gesetzt. Als Utensilien können neben der Bondagestange dabei zum Beispiel Seile sowie Leder- oder Gummimanschetten zum Einsatz kommen. Die Hände des Subs können auf dem Rücken, vor dem Bauch oder in der Luft fixiert werden und seine Füße gespreizt angebunden oder im Stehen gefesselt werden. Bondagestangen lassen sich also vielfältig einsetzen und Sie können sich dabei ganz kreativ ans Experimentieren wagen.

Anleitung Papageienschaukel

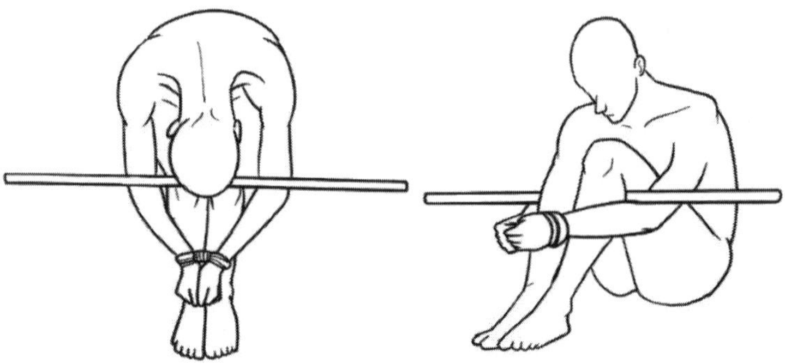

Eine effektive und zugleich sichere Bondagestellung ist zum Beispiel die Papageienschaukel, die Sie mit einem einfachen Besenstiel durchführen können.

• Der Sub setzt sich zunächst auf den Boden und bringt seine Hände parallel vor dem Bauch zusammen, wobei seine Pulsflächen nach innen zeigen. Der Dom bindet daraufhin die Hände des Subs mit einer einfachen Handgelenksfesselung zusammen.

• Der Bottom stellt nun seine Füße auf, zieht diese an, umgreift seine Schienbeine mit seinen gefesselten Händen und schiebt diese so weit wie möglich in die Richtung seiner Knöchel. Anschließend schiebt der Top den Besenstiel zwischen die Ellenbogengelenke und die Kniekehlen des Bottoms.

Tipp: Der Besenstil kann zusätzlich mit einer Bohrung in der Mitte präpariert werden, sodass das verwendete Seil der Handgelenksfesselung durch die Bohrung hindurchgezogen und der Sub damit doppelt fixiert werden kann. Durch die doppelte Fixierung ist der Bottom vollkommen hilflos.

Ganzkörperbondage

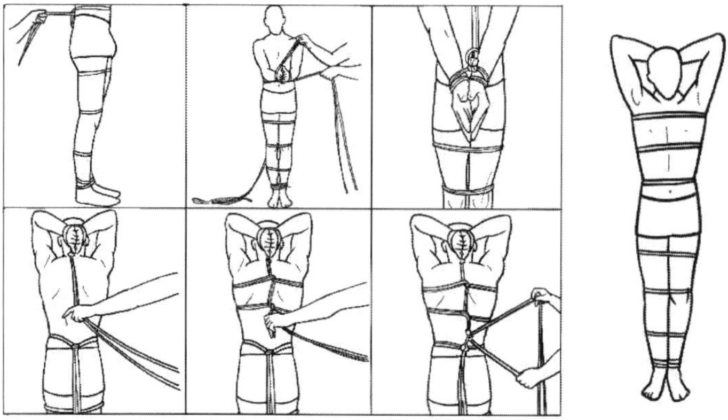

Beim Ganzkörperbondage wird der gesamte Körper des unterworfenen Partners mit Seilen oder anderen Fesselutensilien sicher zusammengebunden. Die Ganzkörperbondage kann dabei sehr kreativ und vielfältig sein und ermöglicht es den Beteiligten zur selben Zeit, ein tiefes Maß an Hingabe, Kontrolle und Intimität zu erleben. Die Kombination dieser künstlerischen Komponente und kreativen Gestaltung mit der Hingabe und Kontrolle der Fesselung macht diese Form des Bondage zu einer vielseitigen und einzigartigen Praxis.

- Der Bottom stellt sich zunächst gerade und aufrecht hin.

- Der Top nimmt sich ein acht Meter langes Seil, legt dieses doppelt und windet die Schlinge des Seils zweimal um die zusammengestellten Knöchel des Bottoms, bevor sie mit einem doppelten Knoten fixiert wird. Um den Passiven besser zu fixieren, kann das Seil auch einmal zwischen seinen Knöcheln hindurchgezogen werden.

- Anschließend zieht der Aktive das laufende Ende des Seils durch das Auge der Schlinge und legt dieses auf Wadenhöhe des Passiven um seine beiden Beine.

- Danach führt er das Seil unter dem von unten kommenden Seil hindurch und führt das Seil symmetrisch und mit Zug nach oben.

- Im Anschluss legt der Dom das Seil straff einmal um die Knie des Subs und führt es erneut unter dem hochlaufenden Seil hindurch.

- Denselben Schritt wiederholt der Top nun zuerst auf der Höhe der Oberschenkel des Bottoms und dann auf der Höhe seiner Hüften, wo das Seil nach dem Durchziehen nun verknotet wird.

- Nachdem der Unterkörper des unterworfenen Partners gefesselt wurde, nimmt der überlegene Partner ein weiteres acht Meter langes Seil zur Hand, legt dieses doppelt, bindet zunächst die Handgelenke des Subs vor seinem Körper zusammen und fixiert die Handgelenksfesselung mit einem einfachen Knoten, bevor er das laufende Ende durch das Auge der Schlinge zieht, die sich durch den Knoten gebildet hat.

- Der Bottom zieht seine Arme nun über seinen Kopf nach hinten, wo der Top die laufenden Seilenden von hinten nach vorne um seine Brust legt und anschließend hinter dem Seil, das von oben herabkommt, nach unten durchzieht.

- Dieselbe Wicklung legt der Aktive nun erneut etwa eine Handbreite tiefer um den Brustkorb des Passiven und zieht die Seilenden erneut nach unten durch.

• Jetzt können die freien Seilenden des von unten sowie des von oben kommenden Seils miteinander verknotet werden. Wenn das Seil zu lang sein sollte, kann der Top es nun am Rücken des Bottoms drapieren und es pro Schlinge einmal um das anliegende Seil winden.

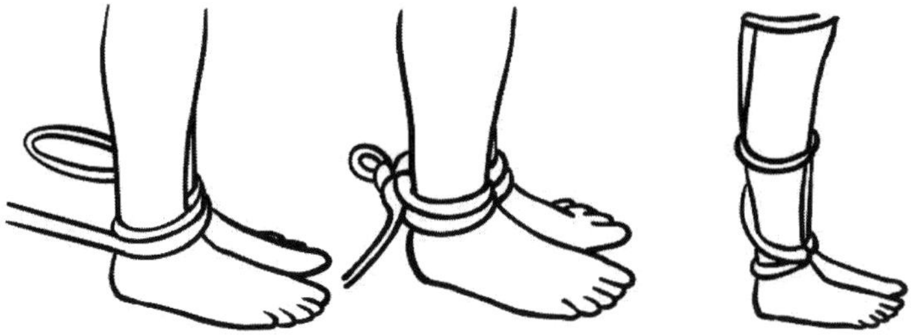

Tipp 1: Der unterworfene Partner sollte für die Ganzkörperbondage sicher stehen und muss bei Bedarf sofort hingelegt werden können. Deshalb empfiehlt es sich, diese Bondage neben einem Bett durchzuführen. Außerdem kann ein Pfeiler die Standhaftigkeit des Bottoms unterstützen und dementsprechend in die Fesselung integriert werden.

Tipp 2: Die Knie und die Knöchel des Bottoms können bei dieser Ganzkörperbondage, aufgrund des Seildrucks, Problemzonen sein. Zur Polsterung möglicher Druckstellen kann zwischen die Unterschenkel jedoch ein zusammengelegtes Tuch geschoben werden. Außerdem können die Arme des Passiven durch den Blutstau mit der Zeit leicht einschlafen, weshalb er in diesem Fall schnell aus der Fesselung befreit werden sollte.

DIE BEDEUTUNG VON KÖRPERHALTUNG UND AUSDRUCK

Obgleich beim Shibari und im Bondage zumeist nur die Fesselung selbst und die verschiedenen Techniken, Knoten sowie Materialien im Vordergrund stehen, sind auch die Körperhaltung und der Ausdruck während der Fesselung von zentraler Bedeutung. Die intimen Fesselpraktiken sind nämlich so viel mehr als nur das bloße Binden und Knoten von Seilen und sollten stattdessen als kunstvolle und ästhetische Formen der Kommunikation angesehen werden, bei der Worte oftmals überflüssig sind.

Shibari- und Bondage-Szenen sind nicht nur rein körperliche Handlungen, sondern vielmehr ein Weg, Vertrauen, Intimität und Emotionen zum Ausdruck zu bringen, sowie eine Möglichkeit, um mit seinem Partner eine tiefe emotionale Bindung einzugehen und diese auch auszudrücken. Die emotionale Verbindung, die während der Szene zwischen den Partnern entsteht, spiegelt sich dabei in der Körpersprache, der Haltung und dem Gesichtsausdruck der Beteiligten wider. Aus diesem Grund sind Shibari und Bondage ein Medium zum Ausdruck von Vertrauen, Intimität und Emotionen auf künstlerische Art und Weise. Die Blicke, Gesten und Berührungen, die im Rahmen einer Shibari- oder Bondage-Szene entstehen, können somit dazu beitragen, eine tiefgehende emotionale Bindung zwischen den Beteiligten zu schaffen.

Die Art und Weise, wie sich der unterworfene Partner bewegt, wie er atmet und wie er reagiert, kann dem überlegenen Partner wichtige Informationen über sein körperliches und emotionales Wohlbefinden übermitteln. In der Regel verraten die Körperhaltung, die Atmung und der Gesichtsausdruck des Subs dem Dom bereits viel über seinen Gemütszustand. Eine offene und entspannte Körperhaltung signalisiert zum Beispiel Wohlbefinden und Vertrauen, während eine zurückhaltende und angespannte Körperhaltung auf ein Unwohlsein hindeuten kann. Eine schnelle und flache Atmung kann ein Zeichen für Angst oder Nervosität sein, wohingegen eine ruhige und tiefe Atmung auf Vertrauen und Entspannung hinweisen kann. Trägt der Bottom ein Lächeln auf den Lippen, zeigt er damit empfundene Freude und Vergnügen, währenddessen ein konzentrierter und eher ernster Gesichtsausdruck auf eine tiefe Hingabe hindeuten kann.

Neben der Körperhaltung, der Atmung und dem Gesichtsausdruck können Top und Bottom während des Aktes auch durch sanfte Berührungen und Streicheleinheiten auf emotionaler Ebene miteinander kommunizieren. Während der Aktive den Passiven fesselt, kann er diesen sanft berühren und ihn streicheln. Dadurch kann es ihm gelingen, die emotionale Verbindung zwischen ihm und dem unterworfenen Partner zu vertiefen und gleichzeitig das Wohlbefinden des Bottoms zu steigern. Im Zuge dessen können auch Blickkontakt sowie das Zuflüstern von ermutigenden oder liebevollen Worten die emotionale Intimität zwischen beiden Partnern fördern und das Verständnis für den jeweils anderen vertiefen.

Mit Beginn des Aktes begibt sich der Bottom in eine verwundbare Position, in der er dem Top meistens vollständig ausgeliefert ist. Deshalb ist es die Aufgabe des Aktiven, auf das Wohlbefinden und die Bedürfnisse des ihm unterworfenen Partners zu achten und ihm sensibel gegenüber zu sein. Während der Szene sollte der Top regelmäßige Pausen einplanen, in denen er den Bottom nach seinem physischen und emotionalen Befinden fragt, um sicherzustellen, dass er sich auch wirklich wohl fühlt. Allerdings ist es auch zwischen den Pausen wichtig, die körperliche Verfassung des Passiven zu überwachen und auf mögliche Anzeichen für Schmerzen, Taubheit oder Kribbeln zu achten. Im Fall eines Notfalls muss der Dom dann natürlich jederzeit bereit sein, die Session unmittelbar zu beenden oder die Handlungen anzupassen, falls es entweder vom Sub gewünscht ist oder die Anpassung aus Sicherheitsgründen unabdingbar ist.

In der Welt des Shibari und Bondage sind Körpersprache, emotionale Kommunikation und Sensibilität für den Partner grundlegende Elemente, die dazu beitragen, sowohl die physische als auch die emotionale Intimität zwischen dem Top und dem Bottom zu fördern und dabei eine erfüllende und sichere Erfahrung zu gewährleisten. Dadurch können Shibari und Bondage zu einem Ausdruck des tiefen Vertrauens sowie der Verbundenheit zwischen den beiden Partnern werden, die weit über Worte hinausgeht.

BONDAGE ALS ÄSTHETISCHER AUSDRUCK

Bondage und Shibari sind nicht nur sehr intime Praktiken, sondern gleichzeitig auch beeindruckende Formen der künstlerischen Selbstdarstellung, bei der sowohl die körperliche Ästhetik als auch die emotionale Verbindung zwischen den beiden Partnern im Vordergrund stehen. Dabei werden beeindruckende visuelle Knoten und Linien erschaffen, die den Körper des Bottoms auf eine einzigartige Weise betonen, die anderweitig kaum erreichbar wäre. Durch das geschickte Anordnen von Knoten, Seilen und Schleifen wird ein fesselndes Kunstwerk erschaffen, das die eindrucksvollen Konturen und natürlichen Kurven des menschlichen Körpers zum Ausdruck bringt.

Im Bondage und Shibari werden Seilknoten, Ästhetik und eine tiefe emotionale Verbindung zwischen den Partnern meisterhaft und kunstvoll miteinander verwoben. Dadurch gelingt es diesen einzigartigen Ausdrucksformen, die physische Gestaltung mit der visuellen Schöpfung zu verbinden und eine beeindruckende Schnittstelle zwischen Kunst und Ästhetik zu schaffen. Die Seilkunst ist damit eine wundervolle Verbindung von Winkeln und Linien, die die ästhetische Dimension der intimen Praktiken definiert.

Im Shibari zeichnet sich der ästhetische Ausdruck durch eine außergewöhnliche Eleganz und Schönheit aus, die weit über das rein praktische Fesseln hinausgeht und das Binden in eine Form der Körperkunst verwandelt. Das geschickte und kunstvolle Platzieren und Anordnen von Seilen um den Körper des unterworfenen Partners zaubert ein visuelles Feuerwerk, das nicht nur den Aktiven, sondern auch den Passiven in einen Zustand ästhetischer Ekstase versetzen kann.

Die Auswahl der Seile, einschließlich ihrer Farben und Texturen, sowie die kunstvolle Art und Weise, wie sie den Körper umschlingen, stellen bedeutende ästhetische Entscheidungen im Shibari dar, die maßgeblich zur Schaffung der gewünschten Ästhetik beitragen. Dabei können sowohl die Farben als auch die Texturen der Seile die visuelle Wirkung der Fesselung stark beeinflussen und der Kontrast zwischen der Haut des unterworfenen Partners und den geschickten Seilarrangements kann ebenso fesselnd sein wie die Betonung der natürlichen Linien und Kurven des Körpers. In dieser Hinsicht offenbart Shibari eine besondere Form der Kunst, die die Schönheit des menschlichen Körpers in einer einzigartigen Art und Weise hervorhebt.

Ein weiterer wichtiger ästhetischer Aspekt von Bondage und Shibari ist das Spiel mit Licht und Schatten. Während Licht den Körper, die Seile und die Knoten auf eine einzigartige Weise beleuchtet und dadurch die dreidimensionale Tiefe sowie die Texturen betonen kann, erzeugen Schatten eine zusätzliche Dimension, durch die die visuelle Wirkung der Kunstformen verstärkt wird. Der geschickte Einsatz von Licht und Schatten kann während der Szene also dazu beitragen, dass eine Atmosphäre geschaffen wird, die sowohl die ästhetische als auch die emotionale Dimension der Praxis betont und dadurch das Gefühl von Geheimnis und Intimität verstärkt, um den Betrachter in seinen Bann zu ziehen.

Die Schönheit von Bondage und Shibari liegt jedoch nicht nur in der Magie, die Linien und Kurven des menschlichen Körpers eindrucksvoll hervorzuheben, sondern auch in ihrer kreativen Freiheit, die sie den Praktizierenden bietet. Jede Szene kann als ein eigenständiges Kunstwerk betrachtet werden, das die Beteiligten mit ihren Wünschen, Emotionen und Vorlieben frei gestalten können. Diese Freiheit ermöglicht es ihnen, ihre ganz individuelle Vision von Ästhetik zu entwickeln und diese auch auszuleben.

Diese Vision kann zum Beispiel durch Bondage- und Shibari-Fotografie ausgelebt werden, die Körperästhetik, Emotionen und handwerkliches Geschick eindrucksvoll miteinander verschmelzen lässt. Dabei erfordert die Bondage- oder Shibari-Fotografie nicht nur ein tiefes Verständnis für die verschiedenen Techniken und Knoten selbst, sondern setzt auch ein gewisses grundlegendes Gespür für die visuelle Inszenierung voraus, die den Betrachter vollkommen in seinen Bann ziehen soll.

Das Fotografieren von Bondage und Shibari ist mehr als nur eine Momentaufnahme von Seilen und Knoten. Vielmehr zielt es darauf, die Verbindung, die während des Aktes zwischen den Beteiligten entsteht, sowie die Ästhetik des menschlichen Körpers in einer besonderen visuellen Erzählung einzufangen und darzustellen.

Grundsätzlich basiert jede Bondage- oder Shibari-Fotosession dabei auf der Einvernehmlichkeit und dem Vertrauen zwischen dem Model bzw. den Modellen und dem Fotografen. An dieser Stelle ist wieder die Kommunikation der Schlüssel, der garantieren kann, dass sich alle Beteiligten sicher und wohlfühlen.

Die eindrucksvollsten Fotografien von Bondage- oder Shibari-Szenen fangen nicht nur die physische Beziehung zwischen den Partnern ein, sondern auch die emotionale Intimität untereinander. Dabei können vor allem die Berührungen, die Blicke und die Gesten die Stimmung sowie die Beziehung zueinander im Bild einfangen. Die Posen und der Blickwinkel auf die Geschehnisse im Bild können außerdem dazu beitragen, die Dynamik und Tiefe im Bild zu erhöhen und somit das visuelle Interesse der Betrachter zu steigern.

Passende Accessoires und Requisiten können die Stimmung der Location und die Aussagekraft des Bildes beeinflussen. Während eine neutrale Location und Studioeinstellung die Aufmerksamkeit des Betrachters auf die Körperkunst und das Bondage selbst lenkt, können natürliche Umgebungen, Symbole, Blumen oder zusätzliche Utensilien die visuelle Erzählung bereichern und dem Gesamtbild eine zusätzliche Dimension verschaffen. Außerdem kann die Farbgestaltung die Atmosphäre und die Stimmung eines Bildes beeinflussen und dadurch zum Beispiel Emotionen verstärken oder Kontraste erschaffen.

Die Wahl der Seile, einschließlich ihrer Texturen und Farben, sowie das Spiel mit Licht und Schatten spielen auch für die Bondage- und Shibari-Fotografie eine entscheidende Rolle und können erheblich zur Schaffung eines ästhetischen Gesamtbildes beitragen. Durch die richtige Beleuchtung können Seile und Körperkonturen, die im Vorfeld durch die Wicklung der Seile betont wurden, optimal zur Geltung gebracht werden und Licht und Schatten schaffen eine zusätzliche dimensionale Tiefe, die die Fotografien der Szene positiv beeinflussen wird.

Die Ästhetik im Shibari dient jedoch nicht einzig und allein nur der visuellen Pracht, sondern erfüllt auch eine zentrale Rolle bei der Kommunikation von Emotionen sowie innerhalb von Beziehungen. Die kunstvollen Knoten und Verschlingungen vermitteln nicht nur die Intention des Aktes, sondern auch die Stimmung – sei es in Form von Hingabe, Intimität, Zärtlichkeit oder Vertrauen. Durch die bewusste Gestaltung der Seilführung kann der dominante Partner auf dem Körper des Unterworfenen eine Geschichte erzählen, die nicht nur auf sinnlicher, sondern auch auf ästhetischer Ebene ansprechend ist.

Abschließend ist Shibari auch eine Kunst der Schaffung eines vertrauensvollen und sicheren Raumes, in dem sich beide Partner vollständig fallen lassen können. Aus diesem Grund kann die ästhetische Dimension dieses Prozesses dazu beitragen, Ängste zu mildern und die Verbindung zwischen den Beteiligten zu vertiefen.

Im Shibari verschmelzen Kunst und Ästhetik auf einzigartige Weise miteinander und schaffen so eine ganz besondere Form physischer und visueller Kunst, die nicht nur die Schönheit des menschlichen Körpers, sondern auch die Tiefe menschlicher Emotionen einfangen kann. Diese Kunstform erhebt sich weit über das rein Physische und verwischt vielmehr die Grenzen zwischen Ästhetik und Emotion sowie Kunst und Körperlichkeit. Damit bietet sie den Beteiligten eine Plattform, auf der sie tiefere Verbindungen knüpfen und ihre Beziehungen sowie Emotionen auf ästhetisch ansprechende Weise ausdrücken können. Daher ist Shibari nicht nur eine Fertigkeit, sondern vielmehr eine tiefgreifende Kunstform, die die Komplexität und die Schönheit der menschlichen Erfahrung zelebriert.

V. Sicherheit und Risikomanagement

RISIKEN UND GRENZEN IM BONDAGE

Beim Bondage und Shibari steht immer die Sicherheit aller Beteiligten an erster Stelle.

Zur Erinnerung: Die Fesselung muss immer zwischen Menschen geschehen, die sich einvernehmlich, freiwillig, unter Einhaltung aller Sicherheitsvorkehrungen und im vollen Bewusstsein darüber, was sie während der Session tun, in die intime und aufregende Erfahrung begeben. Der Verlust des Einverständnisses und der Einvernehmlichkeit verwandelt die Bondage- oder Shibari-Session in eine Freiheitsberaubung, bei der Beteiligte, die mit ihrem wehrlosen und unterworfenen Partner sexuelle Handlungen ausführen, sexuelle Nötigung begehen. Sollten aus diesen unfreiwilligen Handlungen dann noch Schäden, wie zum Beispiel Nervenreizungen, hervorgehen, kommt zu sexueller Nötigung auch noch eine Körperverletzung hinzu.

Bondage und Shibari mögen zwar intime und sinnliche Praktiken sein, können auf der anderen Seite aber auch trotz Einvernehmlichkeit körperliche und seelische Verletzungen zur Folge haben. Damit Sie sich nicht von den potentiellen Problemen einer Session abschrecken lassen, finden Sie im Folgenden einige Risiken und Gefahren, die Ihnen im Bondage begegnen könnten. Dabei bereiten Sie die nachfolgenden Kapitel bestens auf das Erkennen dieser Risiken und den Umgang mit den Gefahren vor, sodass Sie sich den erotischen Fesselpraktiken vollkommen hingeben können.

Körpersprache

Grundsätzlich ist die Körpersprache des unterworfenen Partners immer ein guter Wegweiser für den Top, mit dessen Hilfe er erkennen kann, ob der Bottom allmählich an seine Grenzen kommt oder ob er eine noch höhere Intensität vertragen könnte bzw. möchte.

Erhöhte Atemfrequenz

Wenn der Bottom nicht mehr ruhig und gleichmäßig, sondern stoßweise und flach atmet, kann das ein Zeichen dafür sein, dass er sich unwohl fühlt. Häufig wird die keuchende Atmung dabei von leisen Stöhnlauten begleitet und erfordert besonders dann, wenn diese Veränderung nicht mehr mit zunehmender sexueller Erregung einhergeht, erhöhte Aufmerksamkeit.

Einsetzende Unruhe

Einsetzende Unruhe tritt dann auf, wenn der Sub vermehrt versucht, sich zu bewegen und seine Position innerhalb seiner begrenzten Bewegungsmöglichkeiten zu verändern, da er die aktuelle Position als immer unangenehmer empfindet. Durch das Anpassen seiner Position versucht er, Erleichterung zu finden. Treten diese Anpassungsversuche häufiger auf, nähert sich der Unterworfene seinen physischen und emotionalen Grenzen und benötigt bald eine Veränderung seiner Lage.

Widerstand

Ist der Bottom nicht mehr bereit, die Anweisungen des Tops zu befolgen, kann dies entweder eine Form der Herausforderung sein, um den Wunsch nach Bestrafung auszudrücken, oder aber auch darauf hinweisen, dass er sich unwohl fühlt und mit dem Gedanken spielt, das Stoppsignal auszurufen. Ist sich der Top unsicher, wie es dem Bottom gerade geht, sollte er nicht zögern, diesen direkt danach zu fragen. Wenn der Passive immer noch aktiv am Geschehen teilnimmt, wird er die Nachfrage des Aktiven nicht als störend empfinden.

Medizinische Probleme

Neben der Körpersprache gibt es auch andere körperliche Anzeichen, die darauf hinweisen können, dass der Partner während der Session Probleme hat. Körperliche Anzeichen treten dabei nicht zwangsläufig erst nach den Anzeichen einer veränderten Körpersprache auf, sondern können zeitgleich oder auch bereits im Vorfeld zum Ausdruck kommen. Während der Szene sind einige unterworfene Partner nämlich so erregt, dass sie das Bewusstsein für ihre eigenen gesundheitlichen Grenzen verlieren.

Empfindliche Körperstellen

Grundsätzlich sollte auf alle Körperstellen, an denen der Puls des Bottoms fühlbar ist, kein direkter Druck ausgeübt werden. Dabei sind insbesondere der Hals und die Kehle riskante Körperstellen, um die niemals ein Seil geschlungen werden darf. Außerdem übt ein Zug nach vorne bei allen Fesseltechniken und Knoten, die den Nacken des unterworfenen Partners einbeziehen, einen seitlichen Druck auf seine Halsarterie aus. Besonders bei hängenden oder stehenden Positionen kann dieser Druck beim Unterworfenen den sogenannten Carotis-Sinus-Reflex (CSR) auslösen, der ein Kontrollmechanismus des Halses ist und eine sofortige Bewusstlosigkeit zur Folge hat.

Neben dem Hals und der Kehle sind auch die Innenseite des Oberarms, die Achselhöhlen, die Leistenbeuge, die Knierückseite, die Achillessehne, der innere Ellenbogen, das innere Handgelenk sowie der obere Bereich des Handgelenks, an dem die empfindliche Daumensehne entlangläuft, gefährdete Körperstellen, auf die kein direkter Druck ausgeübt werden sollte. In diesen Bereichen verlaufen nicht nur lebenswichtige Arterien, sondern oftmals auch empfindliche Lymphstränge und Sehnen. Um den potentiellen Druck von Seilen oder dicken Knoten während der Fesselung auf diese Stellen zu mindern, kann der aktive Partner die Fesselungen, zum Beispiel mit Schweißbändern oder Schaumstoff, polstern.

Kreislaufprobleme

Bei Hängefesselungen, bei denen der Kopf des Bottoms zum Boden gesenkt ist, oder bei Fesselungen im Stehen, insbesondere wenn die Arme des Subs in die Luft gestreckt sind, kann es zu Kreislaufproblemen kommen. Dabei neigen vor allem Menschen, die sowieso unter einem niedrigen Blutdruck leiden, häufiger zu Kreislaufproblemen als andere.

Beim Fesseln sollte der dominierende Partner sicherstellen, dass der unterworfene Partner nicht unkontrolliert umfallen kann. Stellt sich im Vorgespräch heraus, dass der Bottom schon früher unter Kreislaufproblemen gelitten hat, sollten stehende gefesselte Positionen gar nicht erst durchgeführt werden. Vielmehr sollte der Sub dann im Sitzen oder im Liegen gefesselt werden, um bereits zu Beginn der Session potentielle Probleme vermeiden zu können.

Während der Session können kalter Schweiß am gesamten Körper, eine verminderte Ansprechbarkeit, Hautblässe oder eine flache und nur gering wahrnehmbare Atmung mögliche Anzeichen für Kreislaufprobleme sein. Genau wie beim CSR sollte der passive Partner bei einem solchen Verhalten sofort befreit und hingelegt werden, wobei seine Beine hochgelagert werden und er eventuell in die stabile Seitenlage gebracht werden sollte.

Durchblutungsstörungen

Gewollte und ungewollte Durchblutungsstörungen können auftreten, wenn Gliedmaßen durch die Fesselung eingeschnürt werden. Dabei kann ein kurzzeitiger Blutrückstau in den Venen in einigen Fällen für die Handlung spannend sein (z. B. am Penis), während dieser in anderen Situationen schnell problematisch werden kann – etwa dann, wenn der Gefesselte zu Krampfadern in den Beinen neigt und ein Rückstau diese Krampfadern hervorrufen oder verschlimmern kann. Im schlimmsten Fall kann ein Blutrückstau bei Krampfadern sogar zu einem Gefäßverschluss führen, weshalb die Beine bei vorherrschenden Krampfadern niemals eng gefesselt werden sollten. Bläuliche Hautverfärbungen, eine kühle Haut, Stechen, Kribbeln oder Taubheitsgefühle können dabei Anzeichen für einen Blutstau sein.

Der dominierende Partner kann eine mangelnde Durchblutung beim unterworfenen Partner feststellen, indem er seinen Daumen fest auf eine beliebige Hautstelle des Bottoms drückt und beobachtet, wie lange es dauert, bis diese Druckstelle wieder ihre ursprüngliche Hautfarbe angenommen hat. Sollte der helle Fingerabdruck für einige Sekunden auf der Haut des Subs sichtbar bleiben, sollte der Dom sofort eingreifen, den Sub umgehend von seinen Fesseln befreien und das betroffene Glied sanft massieren. Außerdem sollte der Passive unbedingt einen Arzt aufsuchen, wenn sich Krampfadern bilden sollten.

Abbinden des Penis und/oder der Hoden

Grundsätzlich reduziert das Einschnüren oder das Abbinden des Penis, zum Beispiel durch einen eng anliegenden Cockring, den Rückfluss des Blutes und kann dadurch zu einer verlängerten Erektion führen. Diese verlängerte Erektion wird oftmals angestrebt und kann für beide Partner sehr aufregend sein. Wird ein Penis allerdings für einen zu langen Zeitraum abgebunden, kann das auf Dauer sehr schmerzhaft für den Mann sein. Deshalb sollte sich die Entscheidung, ob die Fessel entfernt werden soll oder nicht, immer nach dem Bedürfnis des Gefesselten selbst richten.

Abgebundene Brüste

Auf der einen Seite sensibilisiert das mehr oder weniger starke Umwickeln der Brüste mit einem Gummiband oder einem Seil die Brustwarzen und die Brusthaut. Auf der anderen Seite kann der Druck, der vom Band oder dem Seil auf die Brust ausgeübt wird, aber auch sehr unangenehm und schmerzhaft sein. In einigen Fällen können sich aus abgebundenen Brüsten auch vollkommen unerotische und schmerzhafte Reizungen ergeben, die sehr langwierig verlaufen. Außerdem haben einige Frauen auch ein ästhetisches Problem mit abgebundenen Brüsten, da diese durch den Blutstau in der Oberhaut des Drüsenkörpers blau anlaufen können.

Wenn die Brüste des Subs während der Session also abgebunden werden, sollte der aktive Partner immer Rücksicht auf die Empfindungen des ihm unterworfenen Subs nehmen.

Verbrennungen

Bei BDSM-Fesseleinheiten kommt es immer einmal wieder zu Geschlechtsverkehr auf dem Teppichboden, nachdem der Bottom gefesselt wurde. Die dadurch entstehenden Bewegungen können allerdings zu Verbrennungen durch Reibung auf dem Rücken des unten liegenden Partners führen, weshalb lieber eine glatte Unterlage, wie eine Decke oder ein Laken, untergelegt werden sollte.

Auf der anderen Seite können Hautverbrennungen, Abschürfungen oder Schnitte auch durch die Reibungshitze des unachtsamen Ziehens von Seilen oder den Druck von Metalltoys hervorgerufen werden. Aus diesem Grund sollten Seile idealerweise gar nicht auf der Haut des Subs entlanggezogen werden und es sollte niemals zu viel Druck auf entsprechende Utensilien ausgeübt werden. Sollten Verbrennungen oder Abschürfungen dann doch einmal auftreten, muss die Wunde gesäubert und entsprechend behandelt werden.

Druckstellen und Druckgeschwüre

Bei länger andauernden Szenen können Druckstellen oder sogar Druckgeschwüre entstehen. Das ist zum Beispiel dann der Fall, wenn der Bottom die ganze Nacht über bewegungslos gefesselt schlafen gelassen wurde. Die durch die Fesselung entstandenen Druckstellen und Druckgeschwüre werden dabei vor allem dann gefördert, wenn der unterworfene Partner auf einer Unterlage liegt, die nicht saugfähig ist, und sich der Schweiß stattdessen an den Auflagestellen sammelt. Das bedeutet also, dass Druckstellen und Druckgeschwüre vermieden werden können, wenn der Aktive dem Passiven immer einmal wieder erlaubt, seine Position zu verändern, oder eine saugfähige Unterlage untergelegt wird.

Hautabschürfungen, Druckstellen und Druckgeschwüre sollten immer im Rahmen der Nachsorge-Phase desinfiziert und mit Pflastern abgedeckt werden. Druckstellen, die nur oberflächlich sind, können außerdem mit einer kühlenden Sportsalbe behandelt werden.

Druckveränderung und Nervenreizung oder -quetschung

In der Regel können Druckveränderungen der Fessel zu Hauteinschneidungen sowie Nervenreizungen oder -quetschungen führen, weshalb der Dom die Weite der Fessel regelmäßig während der Session kontrollieren sollte. Wenn das Seil oder die Handschellen um die Handgelenke des Bottoms dann doch einmal zu eng sein sollten und trotz regelmäßiger Kontrolle durch den Aktiven eine Nervenreizung oder -quetschung auftritt, sollten die betroffenen Stellen mit einem Eisbeutel gekühlt werden. Nervenreizungen können für den Betroffenen nämlich äußerst unangenehm sein und zu Taubheitsgefühlen führen, die über Tage oder sogar mehrere Wochen hinweg anhalten können. Leider kann der Top Nervenreizungen oder -quetschungen nicht ohne Informationen durch seinen unterworfenen Partner feststellen und muss diesen vielmehr dazu auffordern, ihm von Taubheitsgefühlen zu berichten.

Muskelzerrungen und Sehnenschmerzen

Muskelzerrungen und Sehnenschmerzen können auftreten, wenn der Bottom über einen längeren Zeitraum in einer festen Position, in der bestimmte Körperpartien stark belastet werden, gehalten wird. Wenn der unterworfene Partner zum Beispiel mit den Händen auf dem Rücken gefesselt wird, werden dabei vor allem seine Schultern stark beansprucht und in einer ziemlich unnatürlichen Haltung fixiert. Durch diese eher unnatürliche Haltung werden die Muskeln in seinem vorderen Schulterbereich stark gedehnt und können schon nach kurzer Zeit Schmerzen verursachen. Die Intensität dieser Schmerzen nimmt zu, je länger und enger seine Hände dabei zusammengebunden sind und je näher sie am Hals fixiert werden.

Muskelkrämpfe

Im Gegensatz zu Zerrungen treten Muskelkrämpfe in der Regel nicht in gedehnten, sondern in kontrahierten Muskelgruppen auf. Beim Bondage kommt es dabei zum Beispiel häufig zu Muskelkrämpfen im Oberschenkelbeuger. Sollte der Bottom zu krampfen beginnen, ist es daher wichtig, dass er vom Top so schnell wie möglich aus seiner Fesselung befreit und der betroffene Muskel aktiv gestreckt wird.

Überdehnungen

Einige Fesseltechniken zwingen den Bottom in eine für seinen Körper ungewohnte Stellung, sodass es zu Überdehnungen an Muskeln und Gelenken kommen kann. Besonders häufig treten Überdehnungen dabei bei einer Ellenbogen-Fesselung auf, wobei die Symptome einer Muskel- oder Sehnenzerrung sowie einer Gelenkkapselreizung auftreten können. Ein heißes Bad, Wärmeakkus sowie wärmende Salben können dann Abhilfe schaffen. Dauern die Beschwerden über eine längere Zeit an, sollte in jedem Fall ein Facharzt aufgesucht werden.

Kalter Schweiß

Kalter Schweiß ist ein Indikator von etwas Ernsthafterem, das nicht nur ein bestimmtes Körperteil betrifft, sondern bereits das allgemeine physische Wohlbefinden des Bottoms beeinträchtigt. Wenn es zu diesem Punkt kommen sollte, ist es dringend erforderlich, dass der Aktive den Passiven sofort befreit und ihm die Möglichkeit zur Erholung gibt. Dabei sollte er seine Beine hochlegen, seinen Partner sorgsam betreuen und ihm etwas zu trinken anbieten, um seine Erholung zu beschleunigen.

Atemnot

Atemnot kann entstehen, wenn die Fesselung am Hals oder um den Brustkorb zu eng ist oder wenn Masken, Knebel oder andere Bondage-Utensilien unsachgemäß verwendet werden. Atemnot ist ein äußerst ernstes Anliegen, das unverzügliches Handeln erfordert. Der Top muss den Bottom sofort aus allen Fesseln, die seine Atmung behindern könnten, befreien. Anschließend sollte er in eine aufrechte oder halb aufrechte und sichere Position gebracht werden, in der er einerseits uneingeschränkt atmen kann und in der er andererseits nicht Gefahr läuft, noch einmal in eine Position zu kommen, in der seine Atmung behindert wird. Wenn die Atemnot des Bottoms anhält oder diese sehr schwerwiegend ist, sollte der Top nicht zögern, den Notruf zu wählen und medizinische Hilfe anzufordern.

Bewusstlosigkeit

Bewusstlosigkeit tritt bei BDSM-Praktiken häufiger auf, als die meisten Menschen glauben. Sie kann verschiedene Ursachen haben, wird in den meisten Fällen jedoch durch eine verminderte Durchblutung des Gehirns verursacht. Obwohl eine Bewusstlosigkeit nicht lebensbedrohlich ist, kann die Ohnmacht gefährlich werden, wenn der Top nicht angemessen darauf reagiert. Bei eintretender Bewusstlosigkeit muss der Aktive zunächst sicherstellen, dass die Atmung des Passiven (wieder) frei möglich ist, und anschließend angemessene Erste-Hilfe-Maßnahmen ergreifen.

Bereits vor der Session ist es wichtig, seinen Partner dazu zu ermutigen, bei entsprechenden Anzeichen von Bewusstlosigkeit umgehend Alarm zu schlagen, da der unterworfene Partner die Anzeichen einer Ohnmacht oftmals viel früher bemerkt als sein Partner. Normalerweise kündigt sich Bewusstlosigkeit durch ein Schwindelgefühl, Übelkeit oder ein Kältegefühl im Körper an und tritt nicht plötzlich auf. Verantwortungsbewusste Partner haben in der Regel also genug Zeit, um geeignete Maßnahmen zu ergreifen und somit einen vollständigen Verlust des Bewusstseins zu verhindern.

Ursachen von Bewusstlosigkeit können verschiedene Faktoren sein, wie das Kopfüber-Aufhängen des Passiven, das über einen längeren Zeitraum durchgeführte Fesseln im Stehen, ein starkes Hungergefühl, Unterzuckerung des Körpers, plötzliche Übelkeit oder Drogenmissbrauch. Sollte der unterworfene Partner ein entsprechendes Signal geben oder bereits ohnmächtig sein, ist es zwingend erforderlich, dass er vom dominierenden Partner umgehend befreit und in eine sichere Liege- oder

Sitzposition gebracht wird, in der er sich nicht verletzen kann. In der Regel ist die beste Position hierfür das Liegen in Rückenlage mit angehobenen Beinen, um die Durchblutung des Kopfes zu verbessern. Außerdem sollte der Top für frische Luft (Sauerstoff) sorgen und in der Nähe des Bottoms bleiben. Wenn die Bewusstlosigkeit oder das Unwohlsein länger als einige Minuten andauert, sollte umgehend ein Notarzt alarmiert werden.

Hitze und Kälte

Besonders bei Langzeitszenen und in Szenarien mit Vollmumifizierung spielt die Körpertemperatur des unterworfenen Partners eine bedeutende Rolle. Während der Körper in kurzen Szenen oftmals noch gut auf Temperaturschwankungen reagieren kann, ist es bei längeren Szenen äußerst wichtig, sicherzustellen, dass sein Körper nicht überhitzt oder auskühlt. In der Regel kann dabei nur der Bottom selbst beurteilen, wie es um sein Temperaturempfinden bestellt ist, da sich dieses, aufgrund der fixierten Position, unterschiedlicher Bekleidung oder einer Unbeweglichkeit, von dem des Tops unterscheiden kann. Im Idealfall erkundigt sich der Aktive also regelmäßig beim Passiven nach seinem Temperaturempfinden.

Ausgekugeltes Schultergelenk

Wagen sich unerfahrene BDSM-Liebhaber spontan an irgendwelche exotischen Bondages, die sie in einem Film gesehen und nun unbedingt ausprobieren möchten, kann ein ausgekugeltes Schultergelenk schnell die Folge sein. Dann sollte der Betroffene sein Schultergelenk umgehend mit einem Eisbeutel kühlen, um die auftretende Schwellung so gering wie möglich zu halten, damit das Schultergelenk von einem Facharzt wieder eingerenkt werden kann.

Knochenverletzungen

Knochenverletzungen treten im Bondage oder Shibari nur selten auf und lassen sich dann auf die grobe Fahrlässigkeit des Tops zurückführen. Solche Verletzungen werden in den meisten Fällen durch einen falschen

Umgang mit Bondage-Spielzeug aus Metall, wie zum Beispiel Handschellen, herbeigeführt oder sind das Resultat aus Unfällen bei einer Suspension-Technik. Bei der Verwendung von Metalltoys gilt deshalb, dass kein äußerer Druck auf diese ausgeübt werden sollte.

Erkältung und Blasenentzündung

Die Fesselung während einer Bondage- oder Shibari-Szene kann mehrere Stunden dauern. Dabei ist vor allem der passive Partner in den meisten Fällen komplett nackt und kann schnell zu frieren beginnen. Insbesondere bei Frauen kann es während einer Handlung nicht nur schnell zu einer Erkältung, sondern auch zu einer Blasenentzündung oder sogar zu einem aufsteigenden Harnwegsinfekt kommen.

Eine Bondage- oder Shibari-Session ist für die meisten BDSM-Liebhaber sehr aufregend, sodass vor allem der Bottom schnell das Gefühl dafür verliert, dass er zu frieren beginnt. Aus diesem Grund gehört es zur Verantwortung des dominierenden Partners, sicherzustellen, dass der Raum, in dem die Szene stattfindet, immer gut beheizt ist und dass der unterworfene Partner nicht friert. Obwohl dicke Socken das ästhetische Gesamtbild der Handlung stören mögen, konnten sie in der Vergangenheit schon so manche Blasenentzündung verhindern. Zusätzlich können Heizlüfter aufgestellt werden, wobei Sie dann darauf achten müssen, dass diese niemals näher als einen Meter von der gefesselten Person entfernt stehen.

Emotionale Gesundheit

Bondage und Shibari sind intensive und sehr intime sexuelle Praktiken, in deren Rahmen sich beide Partner auf einer sehr persönlichen Ebene öffnen. Dabei birgt diese Form des Spiels ein hohes Maß an emotionalem Potenzial, das insbesondere Anfänger überraschen und überwältigen kann. Entwickelt sich eine Session zu einer seelischen Belastung, reicht es manchmal bereits aus, wenn der betroffene Partner eine kurze Pause von etwa fünf Minuten einlegt, um sich zu erholen. Einigen Betroffenen gelingt es dann, die Aktivität so fortzusetzen, als ob nichts geschehen wäre. In anderen Fällen kann ein emotionaler Absturz aber auch eine derartige Eigendynamik entwickeln, dass im Extremfall professionelle Hilfe benötigt wird.

Solche emotionalen Reaktionen können nicht nur dann auftreten, wenn die Ebene der Einvernehmlichkeit nicht verlassen wurde, sondern auch dann, wenn die Prinzipien von safe, sane, consensual eingehalten wurden. Selbst wenn die Partner alle notwendigen Sicherheitsvorkehrungen getroffen und die Grenzen des jeweils anderen respektiert haben, kann eine Szene psychologisch scheitern.

BDSM-Praktizierende können zum Beispiel dann mit unerwarteten emotionalen Herausforderungen konfrontiert werden, wenn der Bottom von der Intensität seiner Emotionen derart überwältigt ist, dass er Schwierigkeiten damit hat, sie zu verarbeiten, und möglicherweise den Drang verspürt, sich aus seiner aktuellen Situation zu befreien. Auf der anderen Seite kann sich auch der Top plötzlich überfordert fühlen, wenn der Bottom eine sehr intensive Reaktion zeigt. In solchen Momenten kann dann die Verantwortung für das Wohlbefinden des Partners zu viel werden. Außerdem kann einer der Partner durch die Session an traumatische oder unterdrückte Situationen erinnert werden, was starke emotionale Reaktionen hervorrufen kann.

Die Gründe emotionaler Abstürze sind zu individuell, als dass sie alle auf einer Buchseite erfasst und typisiert werden könnten. Was in einer solchen Situation viel wichtiger ist, ist die Frage danach, wie der Partner darauf reagieren soll. Grundsätzlich gibt es keine universelle Lösung für solche Situationen, jedoch ist die Betonung von Mitgefühl und menschlicher Wärme in diesen Momenten entscheidend.

Reagiert der Partner unerwartet in einer Weise, die Apathie, Aggressivität oder andere derartige Verhaltensweisen einschließt, sollte die Szene zunächst unterbrochen und darüber gesprochen werden. Je nachdem, wie eng die persönliche Beziehung zwischen den Partnern ist, können diese das Gespräch als natürlich oder aber auch als aufgesetzt empfinden. Haben beide Partner eine eher oberflächliche Beziehung, können sie sich dennoch in einem sachlichen und respektvollen Rahmen über den Vorfall austauschen, sollten aber niemals ohne ein Gespräch auseinandergehen (Stichwort: Aftercare) oder dem Verlangen nach Schuldzuweisungen nachgeben.

Außerdem ist die Rollenverteilung der Szene nun aufgehoben. Die Partner haben während der Session intensive Gefühle miteinander geteilt und sind in der Nachbetrachtung dieser Erfahrung beide gleichberechtigt. An dieser Stelle sollte kein Platz für Rechthaberei sein. Möglicherweise können beide Partner, durch das offene Teilen ihrer Gedanken und Gefühle, den Grund für den emotionalen Absturz ausfindig machen und Maßnahmen ergreifen, um diesen in zukünftigen Sessions zu vermeiden. Offene und ehrliche Kommunikation, gegenseitiges Verständnis und die Akzeptanz von Emotionen sind auch an dieser Stelle wieder der Schlüssel, um eine BDSM-Szene sicher und erfüllend gestalten zu können.

Die aufgeführten potentiellen Folgen einer Bondage- oder Shibari-Session können auf den ersten Blick sehr abschreckend wirken. Allerdings ist Bondage von allen sexuellen Praktiken nun einmal die Technik, die am häufigsten kleine Unfälle zur Folge hat. Obwohl diese Unfälle meistens nur Hautabschürfungen oder einen leicht gereizten Nerv umfassen, sollte die Session immer unter Einhaltung aller Vorsichtsmaßnahmen und mit Sorgfalt ausgeführt werden. Außerdem soll an dieser Stelle darauf hingewiesen werden, dass Bondage und Shibari nicht vor übertragbaren Geschlechtskrankheiten schützen. Aus diesem Grund sollte bei den BDSM-Praktiken immer Safer Sex praktiziert werden, damit sich beide Partner schützen können.

Exkurs: Safer Sex

Safer Sex beschreibt Maßnahmen und Methoden, die das Risiko für sexuell übertragbare Infektionen (STIs), Erkrankungen und ungewollte Schwangerschaften verringert. Zu den Präventionsmaßnahmen gehören zum Beispiel die Verwendung von Kondomen, Impfungen oder Dental Dams für Oralsex.

Sofortmaßnahmen

Anknüpfend an die im Vorfeld angeführten potentiellen Folgen einer BDSM-Session finden Sie im Folgenden eine Checkliste mit Sofortmaßnahmen, die Sie bei auftretenden Problemen berücksichtigen sollten. An dieser Stelle soll jedoch angemerkt werden, dass Sie bei anhaltenden Beschwerden immer einen Facharzt aufsuchen sollten. Das gilt insbesondere dann, wenn der Bottom unter anhaltender Atemnot, Ohnmacht oder seelischer Belastung leidet. Auch ein ausgekugeltes Schultergelenk sollte in jedem Fall nur von einem Facharzt wieder eingerenkt werden. Fordern Sie im Zweifelsfall lieber immer einmal mehr medizinische Hilfe an, denn die Sicherheit beider Partner steht im Bondage und Shibari an oberster Stelle.

Checkliste: Sofortmaßnahmen

☐ **einsetzende Unruhe:** Positions- bzw. Lageveränderung

☐ **Kreislaufprobleme und kalter Schweiß:** sofortige Befreiung des Bottoms, Hochlagerung der Beine im Liegen, eventuell in die stabile Seitenlage bringen, Flüssigkeitszufuhr

☐ **Durchblutungsstörungen:** sofortige Befreiung, sanfte Massage des betroffenen Glieds

☐ **Verbrennungen und Hautabschürfungen:** Säuberung und Behandlung der Wunde mit antibiotischer Creme oder Salbe, Verarzten der Wunde

☐ **oberflächliche Druckstellen:** Behandlung mit kühlender Sportsalbe

☐ **Nervenreizung oder -quetschung:** Kühlung betroffener Stelle mit einem Eisbeutel

☐ **Schwellungen:** Kühlung betroffener Stelle mit einem Eisbeutel, Anlegen eines Kompressionsverbandes

☐ **Muskelzerrungen und Sehnenschmerzen:** Hochlagern und Kühlung betroffener Stelle

☐ **Muskelkrämpfe:** sofortige Befreiung, aktive Streckung des betroffenen Muskels

☐ **Überdehnungen:** heißes Bad, Anwendung von Wärmeakkus und wärmenden Salben

☐ **Atemnot:** sofortige Befreiung, aufrechte oder halb aufrechte und sichere Position, ungehinderte Atmung sicherstellen, gegebenenfalls einen Inhalator reichen

☐ **Bewusstlosigkeit:** sofortige Befreiung und Sicherung einer uneingeschränkten Atmung, sichere Liege- oder Sitzposition, empfehlenswert ist die Rückenlage mit angehobenen Beinen, Ergreifung von Erste-Hilfe-Maßnahmen zur Beatmung

☐ **ausgekugeltes Schultergelenk und Knochenverletzungen:** Kühlung, Stabilisierung

☐ **Erkältung und Blasenentzündung:** Wärme, Flüssigkeitszufuhr, Toilettengänge

☐ **Seelische Belastung:** Unterbrechung der Szene, Mitgefühl und menschliche Wärme durch den Top, persönliches Gespräch, emotionale Unterstützung

Notfallausrüstung

Damit Sie oder Ihr Partner in Notfallsituationen während der Session Sofortmaßnahmen ergreifen können, ist es wichtig, eine Art Notfallausrüstung zu haben. In erster Linie ist dabei ein gut ausgestattetes Erste-Hilfe-Kit für eine sichere und verantwortungsbewusste Szene unerlässlich. In diesem Kit sollten Verbandsmaterial, Scheren, Pflaster, Desinfektionsmittel, sterile Kompressen, Pinzetten und weitere grundlegende Erste-Hilfe-Artikel enthalten sein. Da die Fesseln im Bondage und Shibari in

Notfallsituationen sicher und so schnell wie möglich gelöst werden müssen, sollte die Schere im Erste-Hilfe-Kit eine abgerundete Spitze haben, damit Hautverletzungen des Bottoms vermieden werden können. Bei längeren Bondage- oder Shibari-Sessions bietet es sich weiterhin an, eine Rettungsdecke für Notfallsituationen bereitzulegen, die dabei helfen kann, den Bottom warm zu halten.

Teil der Notfallausrüstung ist außerdem ein Sicherheitswort bzw. ein Stoppcode, der dazu dient, die Sitzung umgehend zu beenden, insofern sich ein Beteiligter unwohl fühlt, ein Problem auftritt oder im Vorfeld festgelegte Grenzen überschritten werden. Stoppcodes gelten dabei nicht nur für den unterworfenen Partner, sondern können auch vom dominierenden Partner verwendet werden, falls dieser in eine Situation kommt, in der er seine Grenzen physisch oder psychisch überschreitet. Wie bereits im Kapitel „Sicherheit und Einvernehmlichkeit" beschrieben, eignet sich als Stoppcode eine Kombination aus einem akustischen und einem optischen Signal, wie zum Beispiel dem dreimaligen Ausrufen des Wortes „Stopp!", das mit dreimaligem Stampfen der Füße kombiniert wird.

Neben dem Stoppcode kann es auch hilfreich sein, ein schriftliches Notfallprotokoll vor der Session anzufertigen, in dem klare Anweisungen für den Umgang mit verschiedenen Situationen als zusätzliche Sicherheitsvorkehrung festgelegt sind. Einige BDSM-Liebhaber schätzen außerdem die Anwesenheit einer weiteren vertrauenswürdigen Person während des Akts, die als Sicherheitswache eine zusätzliche Schutzmaßnahme liefert und im Notfall umgehend in die Szene eingreifen kann. Wenn Sie nicht möchten, dass eine weitere Person in einer solch intimen Situation anwesend ist, sollten Sie sich in jedem Fall ein funktionierendes Kommunikationsmittel, wie beispielsweise ein Telefon, griffbereit legen, da es Ihnen den schnellen Kontakt zu externer Hilfe ermöglicht, wenn diese erforderlich sein sollte.

Wenn Sie Kerzen oder andere brennbare Materialien während einer Handlung nutzen, um zu einer intimen und erotischen Atmosphäre während der Szene beizutragen, ist es wichtig, dass Feuerlöscher oder geeignete Feuerschutzmittel leicht zugänglich sind.

Wasser und leichte Snacks können dem unterworfenen Partner während der Fesselung außerdem helfen, hydratisiert zu bleiben und seinen Energiehaushalt aufrechtzuerhalten.

Letzten Endes ist die wichtigste Ausrüstung für Notfallsituationen im Bondage oder Shibari immer das eigene Wissen über Erste-Hilfe-Maßnahmen und spezifische Risiken, die im Rahmen der BDSM-Praktiken auftreten können. Aus diesem Grund sollten sich alle Partner über grundlegende Erste-Hilfe-Maßnahmen informieren und gegebenenfalls auch einen Erste-Hilfe-Kurs besuchen. Außerdem sollte die Notfallausrüstung nicht nur vorhanden sein, sondern auch von allen Beteiligten regelmäßig überprüft werden, um zu gewährleisten, dass sich alle Elemente in einem einwandfreien Zustand befinden. Einzig und allein eine sorgfältige Vorbereitung auf die Fesseleinheiten kann dazu beitragen, dass die Szene sicher gestaltet werden kann und unvorhergesehene Situationen sicher bewältigt werden können.

AFTERCARE – DIE BEDEUTUNG DER NACHSORGE

Die Intimität und die Bindung, die während einer Bondage- und Shibari-Session zwischen den Partnern entstehen, endet nicht mit dem Loslösen der Fesselung, sondern geht weit darüber hinaus. Die Phase der Nachsorge, die als sogenannte Aftercare bezeichnet wird, macht einen bedeutenden Teil des gesamten Fesselerlebnisses aus und trägt dazu bei, dass die Erfahrung nicht nur auf körperlicher Ebene erfüllend ist, sondern auch auf emotionaler.

Die Session ist vorbei. Die Seile haben Spuren auf der Haut des Bottoms hinterlassen und der Schweiß tropft langsam von seinem Körper zum Boden. Kurz nach dem Rausch fühlt sich der Sub nüchtern und nackt. Obwohl alle Beteiligten eine Szene anders erleben, spüren alle eine

Sache gemeinsam: eine hohe Intensität. Nicht selten kommt es im Anschluss an eine Session zu einem sogenannten Sub-Drop: Der Endorphinspiegel des unterworfenen Partners fällt ab und Adrenalin durchflutet seinen Körper. Bei vielen passiven Beteiligten löst dieser Sub-Drop Unsicherheit oder Traurigkeit aus und es gilt, den Partner aufzufangen.

Nach einer intensiven Shibari- oder Bondage-Session können also vor allem beim passiven Partner starke emotionale Gefühle auftreten. Der aktive Partner sollte nun empathisch, verständnisvoll und einfühlsam sein und beide Partner sollten sich gegenseitig Verständnis und Geborgenheit bieten und eine Umgebung schaffen, in der sich beide wohlfühlen. Während der Nachsorge-Phase ist es wichtig, seinem Partner das Gefühl zu vermitteln, dass seine Reaktionen und Gefühle bedeutsam sind. Dabei können bereits einfache Fragen wie „Wie geht es dir?“ oder „Ist alles in Ordnung?“ ein Gefühl der Sicherheit vermitteln.

Die Aftercare-Phase lässt Raum für offene und ehrliche Gespräche über die gerade erlebten Handlungen. Beide Partner haben nun die Möglichkeit, ihre Gedanken, Gefühle und Empfindungen zu teilen, somit das Verständnis füreinander zu fördern und dazu beizutragen, eine tiefere Bindung zueinander zu entwickeln. Außerdem ist es sinnvoll, die Erfahrungen nach einer Session gemeinsam zu reflektieren. Im Zuge dessen können die Partner unter anderem darüber sprechen, welche Handlungen gut funktioniert haben, welche Verbesserungen sie treffen könnten und wie sie ähnliche Erfahrungen in zukünftigen Sessions noch besser gestalten könnten. Das offene Teilen von Eindrücken, Kritik und Verbesserungsvorschlägen stärkt dabei nicht nur die Bindung zwischen den beiden Partnern, sondern fördert auch ihr individuelles Wachstum.

Nach der Session kann der unterworfene Partner körperlich erschöpft und empfindlich sein, weshalb körperliche Nähe, wie zum Beispiel Kuscheln, Streicheleinheiten, sanfte Berührungen und Umarmungen, tröstlich, heilend und beruhigend zugleich wirken kann. Außerdem helfen Kuschel- und Streicheleinheiten, sowohl die Bindung als auch das Gefühl der Nähe zwischen beiden Partnern zu vertiefen.

Nachdem der Dom die Seile vom Körper des Subs entfernt hat, kann seine Haut empfindlich und sogar von Wunden oder Verletzungen überzogen sein. Die Aufgabe des Doms ist es nun, die Wunden des Subs zu desinfizieren und zu versorgen. Die Verwendung von reichhaltigen Lotionen oder Feuchtigkeitscremes kann zudem helfen, seine Haut zu beruhigen und diese nachhaltig zu pflegen. Darüber hinaus können auch beruhigende Aktivitäten, wie zum Beispiel eine sanfte Massage, das Zudecken mit einer warmen Decke oder die Bereitstellung von warmem Tee, dazu beitragen, dass sich der Körper des Bottoms entspannt und zur selben Zeit sein Wohlbefinden steigt.

Die Nachsorge ist ein bedeutsamer Bestandteil jeder Bondage- und Shibari-Erfahrung und ermöglicht es den Beteiligten, sowohl auf physischer als auch auf emotionaler Ebene zu heilen und sich in einer unterstützenden und sicheren Umgebung vollständig entfalten zu können. Verbale und non-verbale Kommunikation, gemeinsame Reflexion, emotionale Unterstützung, physische Betreuung und gemeinsames Lernen sind im Rahmen der Aftercare zentrale Schlüsselelemente, die dazu beitragen, dass die Beziehung, das Vertrauen und die Intimität zwischen den beiden Partnern vertieft werden und dass beide eine positive und erfüllende Erfahrung erleben. Nichtsdestotrotz ist jeder Mensch unterschiedlich und es gibt nicht den einen richtigen Weg für die Nachsorge. Während einige Beteiligte körperliche Nähe und Fürsorge nach der Session benötigen, gibt es auf der anderen Seite aber auch Menschen, die es bevorzugen, nach dem Akt nicht berührt zu werden und stattdessen eine Form der Demütigung oder Erniedrigung als Teil ihrer Fantasie bevorzugen. Aus diesem Grund ist es unabdingbar, die Aftercare bereits vor der Session zu besprechen und für beide Partner eine einvernehmliche und vorteilhafte Vereinbarung darüber zu treffen, wie die Phase der Nachsorge gestaltet werden soll.

VI. Bondage als Teil des Vorspiels & der Intimität

KOMMUNIKATION DER BEDÜRFNISSE UND WÜNSCHE

Bondage ist eine kunstvolle und erotische Ausdrucksform, die als intimer Bestandteil des Vorspiels in Beziehungen eingebunden werden kann. Dabei bietet die Kunst der Fesselung nicht nur sinnliche Reize auf visueller Ebene, sondern eröffnet auch die Möglichkeit, neue Dimensionen einer Beziehung zu erkunden und mehr Intimität sowie eine tiefere Verbindung in bereits bestehenden Beziehungen zu etablieren.

Jeder Schritt in die Welt des Bondage und des Shibari beginnt mit einem offenen Gespräch, in dem beide Partner sowohl ihre Wünsche und Fantasien als auch ihre Bedenken zum Ausdruck bringen und dadurch eine vertrauensvolle gemeinsame Basis schaffen können. Außerdem bietet das ehrliche Gespräch viel Raum zur Offenbarung potentieller Ängste, zur Besprechung von Unsicherheiten und zum Entdecken von gemeinsamen Interessen und Vorlieben. Die Kommunikation über die individuellen Bedürfnisse und Wünsche ebnet somit den Weg für eine erfolgreiche Integration des Bondage als Teil des Vorspiels und der Intimität in die Beziehung.

Damit sich beide Partner beim Bondage fallen lassen und sich wohlfühlen können, müssen ihre individuellen Grenzen im Vorfeld definiert werden. Im Zuge dessen müssen beide Partner nicht nur ihre eigene Komfortzone, sondern auch die ihres Partners kennen und sich gleichzeitig darauf verlassen dürfen, dass der jeweils andere die eigenen Grenzen respektiert. Das gemeinsame Festlegen von Grenzen, Regeln und ihr regelmäßiges Reflektieren und Hinterfragen können somit dazu beitragen, eine vertrauensvolle Atmosphäre innerhalb der Partnerschaft zu schaffen.

Die Integration von Bondage in bereits bestehende Beziehungen erfordert allerdings nicht nur eine ehrliche und offene Kommunikation über die eigenen Bedürfnisse und die Wünsche der Partner, sondern verlangt darüber hinaus auch ein hohes Maß an Sensibilität für den passenden Moment, für den ein romantisches Wochenende, ein entspannter Abend mit viel Zweisamkeit oder ein besonderer Anlass den idealen Rahmen schaffen kann. Die Kunst, das Bondage in bereits bestehende Beziehungen zu integrieren, liegt außerdem darin, die erotische Fesselkunst organisch und schrittweise in das gemeinsame Liebesleben einzuführen, anstatt diese mit Druck und Erwartungen zwanghaft etablieren zu wollen.

Ein schrittweiser und behutsamer Einstieg mit sanften Fesseltechniken und -spielen ermöglicht es beiden Partnern, sich langsam an die Kunst des Fesselns heranzutasten und sich an die neuen Erfahrungen zu gewöhnen. Dafür können Sie sich zunächst eine einfache Fesseltechnik aussuchen, die für Sie und Ihren Partner angenehm ist. Anschließend fesselt der dominierende Partner von Ihnen den unterworfenen Partner sorgfältig und achtsam, wobei Sie sich beide auf Ihre körperliche Verbindung zum jeweils anderen konzentrieren. Betonen Sie während dieser kurzen Übung sowohl den intensiven Körperkontakt zueinander als auch die gegenseitige Aufmerksamkeit füreinander. Nachdem Sie die Übung beendet haben, können Sie Ihre Empfindungen der Erfahrung dann miteinander teilen und Ihre Intimität somit vertiefen.

Im nächsten Schritt können Sie sich dann beide gemeinsam hinsetzen und, wenn nicht bereits zu Beginn der vorangegangenen Übung geschehen, ein Seil auswählen, das sich für Sie beide weich und angenehm anfühlt. Im Anschluss übernimmt wieder einer von Ihnen die Rolle des Aktiven und der andere die des Passiven. Beginnen Sie die Übung damit, dass Sie das Seil gemeinsam erkunden. Anschließend kann der Top die Hände oder die Füße des Bottoms sanft in die Seile einführen und dabei dessen Reaktion beobachten. Wenn Sie beide Freude an dieser sinnlichen Erfahrung mit dem Seilhandwerk empfinden, können Sie gemeinsam weitere Seilkreationen erfinden und Ihrer Kreativität freien Lauf lassen.

Neben der ersten gemeinsamen Erkundung der Bondage-Materialien und der einzelnen Knotenkreationen tragen natürlich auch ein festgelegtes Sicherheitswort und im Vorfeld vereinbarte Kommunikationssignale zu einem verantwortungsbewussten Umgang mit dem Bondage und einem erfolgreichen Einstieg in die Praxis bei und geben den Beteiligten zur selben Zeit die Gewissheit, dass die Szene zu jeder Zeit gestoppt und beendet werden kann. Der Stoppcode als Schlüsselelement des Bondage vermittelt somit also nicht nur ein Gefühl von Sicherheit und Kontrolle, sondern trägt gleichermaßen dazu bei, Vertrauen zwischen den Partnern aufzubauen. Damit schafft das schrittweise Erkunden einen Raum für gemeinsames Wachstum, in dem die tiefe Vertrautheit der Partner gestärkt werden kann.

Darüber hinaus ist das Bondage aber auch eine kreative Ausdrucksform der Sinnlichkeit und der Liebe, bei der die Bereitschaft, neue Dinge zu erkunden und neue Wege zu gehen, nicht nur die sexuelle Vielfalt innerhalb der Beziehung fördert, sondern auch die emotionale Verbundenheit zwischen den beiden Partnern stärkt. Die ästhetische Komponente des Bondage wird dabei nicht nur durch ansprechende und erotische Fesseltechniken geschaffen, sondern kann auch durch die Gestaltung einer sinnlichen Atmosphäre unterstützt werden. Dabei können sanfte Musik, flackerndes Kerzenlicht und duftende ätherische Öle dazu beitragen, ein romantisches Ambiente zu erzeugen, indem die Intimität und Leidenschaft der Fesselkunst intensiviert werden können.

Das Bondage als Teil des Vorspiels und der Intimität ist also ein wundervolles Werkzeug, um eine Beziehung nicht nur zu vertiefen, sondern um gleichzeitig auch eine neue Ebene des Vertrauens und der Intimität zu erreichen. Dabei tragen in erster Linie Kommunikation und die Bereitschaft, neue Dinge auszuprobieren und gemeinsam mit seinem Partner zu wachsen, dazu bei, dass das Bondage ein bereichernder und harmonischer Bestandteil einer intimen Partnerschaft werden kann.

VERBESSERUNG DES VERTRAUENS UND DER EMOTIONALEN BINDUNG

Die Welt des Bondage und Shibari bietet nicht nur einmalige visuelle und körperliche Reize, sondern eröffnet auch die einzigartige Möglichkeit, das Vertrauen zwischen den Partnern zu stärken und die gemeinsame emotionale Bindung auf eine tiefere Ebene zu bringen. Loszulassen und sich bewusst dafür zu entscheiden, sich von seinem Partner fesseln zu lassen oder von ihm gefesselt zu werden, erfordert ein sehr hohes Maß an Vertrauen, wobei das Bondage als Art Vertrauensübung angesehen werden kann, bei der sich die Beteiligten nicht nur aufeinander verlassen, sondern sich auch darauf einlassen können, sich in eine verletzliche Position zu begeben. Durch diesen Akt der Übergabe von Kontrolle und Vertrauen kann zwischen den beiden Partnern eine emotionale Brücke geschlagen werden.

Im Bondage ist die Dynamik von Geben und Empfangen von Kontrolle von entscheidender Bedeutung. Wenn sich der Bottom dem Top bewusst hingibt, übernimmt dieser die Verantwortung für die Führung innerhalb der Szene. Auf der einen Seite erfordert dieses Austauschverhältnis Vertrauen, auf der anderen Seite aber auch ein tiefes Verständnis füreinander, wobei das bewusste Empfangen und Geben von Kontrolle eine emotionale Verbindung schafft, die weit über die physische Dimension hinausgeht.

Gegenseitiges Vertrauen ist im Bondage und Shibari das Bindeglied zwischen Einvernehmlichkeit, Sicherheit und dem Spaß am Akt selbst. Dabei ist eine offene und ehrliche Kommunikation das Werkzeug, mit dem die Beteiligten dieses Vertrauen aufbauen und auch aufrechterhalten können. Damit sind Vertrauen und Kommunikation also untrennbar miteinander verbunden und fundamentale Elemente für eine respektvolle, sichere und erfüllende Praxis, weshalb offene Gespräche über Wünsche, Interessen, Erwartungen und Grenzen unabdingbar sind, um das gegenseitige Verständnis füreinander sowie das Vertrauen untereinander zu fördern.

Vertrauen ist jedoch kein grundlegendes Gut, das in jeder Partnerschaft von Beginn an zu finden ist, sondern muss vielmehr von den Partnern über einen längeren Zeitraum hinweg erarbeitet werden. Insbesondere im Shibari und im Bondage fällt es den meisten Menschen schwerer, Vertrauen zum Partner aufzubauen. Es bietet sich daher an, das Fesseln selbst als Vertrauensübung zu betrachten und einfache Fesseltechniken mit kurzen Vertrauensspielen zu kombinieren, um das Geben und Empfangen von Kontrolle zu betonen.

Blindes Vertrauen

Die Übung „Blindes Vertrauen“ zielt darauf ab, dass der Passive in die Führung des Aktiven vertraut und dieser, trotz seiner eingeschränkten Sinne, ein Gefühl von Sicherheit verspürt. Dafür bindet der Top dem Bottom zunächst die Augen mit einem Tuch sanft zu, sodass er nichts mehr sehen kann und seine Abhängigkeit zum Top verstärkt wird. Der Bottom muss nun darauf vertrauen, dass er vom Top beschützt und sicher geführt wird, da dieser die Kontrolle über die Bewegungen und Handlungen des Passiven übernimmt.

Handfesselung mit Erlaubnis

Bei der Übung „Handfesselung mit Erlaubnis" stehen das klare Kommunizieren der eigenen Bedürfnisse, das Vertrauen des Subs zum Dom sowie die sichere und respektvolle Ausführung durch den Aktiven im Vordergrund. Hierfür reicht der Passive dem Aktiven zunächst seine Hände, die vom Dom gefesselt werden. Bevor dieser jedoch mit der Handfesselung beginnt, muss der Sub ihm eindeutige Anweisungen darüber geben, wie locker oder eng seine Hände gefesselt werden sollen. Dadurch kann der Aktive zwar Kontrolle ausüben, respektiert zur selben Zeit aber auch die Anweisungen und Grenzen des Passiven.

Der Positionswechsel mit verbundenen Händen

Bei der letzten Übung geht es darum, dass der passive Partner Vertrauen darin hat, dass der aktive Partner seine Bedürfnisse berücksichtigt und auf diese eingeht, ohne dabei die Kontrolle über die Fesselung zu verlieren. Für den Positionswechsel mit verbundenen Händen wird der Bottom zunächst in einer für ihn komfortablen Position gefesselt (z. B. im Liegen oder im Sitzen). Nach einer bestimmten Zeit gibt der Passive dem Aktiven ein im Vorfeld vereinbartes Signal, das den Top wissen lässt, dass der Bottom seine Position verändern möchte. Daraufhin löst der Top die Fesseln des Bottoms und ermöglicht es ihm somit, sich zu bewegen, bevor er ihn erneut in einer anderen Position fesselt.

Während der Session kann sich die Fesselung selbst zu einem sehr intimen Akt entwickeln, der zwischen den beiden Partnern eine tiefe emotionale Verbindung hervorruft. Außerdem wird durch die non-verbale Kommunikation mit Berührungen und Blicken während des Fesselns, das Bewusstsein der Bedürfnisse des jeweils anderen und das Eingehen auf emotionale Reaktionen eine intime Atmosphäre geschaffen. Dadurch entwickelt sich das Bondage zu einem Mittel, mit dem sich beide Partner auf emotionaler Ebene begegnen können.

Das Bondage bietet den Beteiligten also die Möglichkeit, eine intensive emotionale Verbindung herzustellen, durch die sie ihre Beziehung stärken können. Die gemeinsamen neuen und spannenden Erfahrungen und das Teilen intimer und privater Momente fördern dabei jedoch nicht nur das Vertrauen innerhalb der Beziehung, sondern können auch eine tiefere Verbundenheit und Liebe zwischen den Partnern wecken. Begeben sich beide auf die Suche nach bislang verborgenen Vorlieben und überwinden sie gemeinsam ihre Grenzen, stärkt das nicht nur die Bindung untereinander, sondern legt auch die Grundlage für eine nachhaltige und glückliche Partnerschaft.

SINNLICHKEIT UND EROTIK IM BONDAGE

Das Bondage ist nicht einfach nur eine rein körperliche kunstvolle Fesseltechnik, sondern vielmehr auch Ausdruck von Sinnlichkeit und Erotik, der eine einzigartige Möglichkeit schafft, Leidenschaft innerhalb einer Beziehung auszudrücken. Das sorgfältige Platzieren der Fesseln, die präzise Durchführung von Knotentechniken, das sanfte Gleiten der Seile über die Haut des Unterworfenen und das aktive Einlassen auf die erotische und intime Atmosphäre während der Session schaffen zwischen den Partnern eine ganz besondere und tiefe Verbindung. Dabei wird das Ausmaß der Leidenschaft durch das Zusammenspiel aus Hingabe und Kontrolle während der Fesselung verstärkt, wodurch das Bondage die Grundlage schafft, die Lust kunstvoll und kreativ erleben und entdecken zu können.

Insbesondere in der Kunst des Shibari wird nicht nur der ästhetische Aspekt der Fesselung betont, sondern auch die sinnlichen Berührungen und die gegenseitige Hingabe werden hervorgehoben. Jede Berührung, jeder Knoten und jede Bewegung verflechten sich dabei zu einer Einheit und ihre Symbiose formt eine wundervolle, sinnliche Erfahrung. Der Aktive stellt durch die Hingabe des Passiven eine emotionale Verbindung zu dessen Sinnlichkeit her, während der Passive die Berührungen des Aktiven auf einer tieferen Ebene erlebt. Die intime Erfahrung, die beide

Partner dabei während der Handlung machen, erzeugt eine erotische, fast schon elektrisierende Energie, die die gesamte Fesselung durchdringt.

Im Shibari und beim Bondage spielt dabei die Dynamik aus Dominanz und Unterwerfung eine zentrale Rolle, da der Top die Kontrolle und die Führung über den Bottom übernimmt, während sich dieser aktiv und ganz bewusst in eine Position der Unterwerfung begibt. Auf der einen Seite erschafft diese klare Rollenverteilung während der Szene eine erotische Spannung, die die Fesselkunst in eine einzigartige und kraftvolle Erfahrung verwandelt. Auf der anderen Seite erzeugt die Bereitschaft des Passiven, sich zu unterwerfen und vom Aktiven dominiert zu werden, außerdem eine tiefe emotionale Intimität zwischen den Partnern.

Um die Sinnlichkeit und Leidenschaft in der Beziehung zu vertiefen und dem Bondage als Ausdruck von Leidenschaft und der Dynamik des Unterwerfens und der Dominanz mehr Nachdruck zu verleihen, können die Partner durch Bondage-Spiele, in denen bewusste Berührungen, Hingabe und Kreativität miteinander verschmelzen, eine neue Dimension der Intimität erleben und ihre Verbindung zueinander vertiefen.

Das sinnliche Seil-Labyrinth

Für das sinnliche Seil-Labyrinth fesselt der Aktive den Passiven durch eine kunstvolle Seilfesselung, die einem Labyrinth auf der Haut des Passiven gleicht. Dabei zielt jede einzelne Berührung des Aktiven darauf ab, die Leidenschaft und Sinnlichkeit zwischen ihm und dem Passiven zu intensivieren. Während der Top den Bottom bindet, kann sich dieser seiner Führung vollkommen hingeben und jede einzelne sinnliche Berührung auf sich wirken lassen und diese aufnehmen.

Augenkontakt

Die Übung „Augenkontakt“ zielt darauf ab, das Vertrauen und die Verbundenheit zwischen den Partnern zu stärken. Dafür fesseln sich der Top und der Bottom gegenseitig in einer Position, die ihnen längeren Blickkontakt ermöglicht, und konzentrieren sich anschließend darauf, ihrem Partner jeweils in die Augen zu schauen und den Blickkontakt für eine längere Zeit aufrechtzuerhalten. Dieser Augenkontakt kann eine sehr intime und intensive Erfahrung sein, die das Vertrauen sowie die emotionale Verbindung zueinander vertieft. Während der Übung können die Partner außerdem offen über ihre Wünsche, Gefühle und die Intensität des Augenblicks sprechen.

Die gemeinsame Hingabe

Bei der Übung „Die gemeinsame Hingabe“ fesseln sich beide Partner gegenseitig in einer willkürlichen Position ihrer Wahl. Durch die gemeinsame und vor allem gleichberechtigte Hingabe können sie nicht nur ihre emotionale Verbindung stärken, sondern sich gleichzeitig auch gemeinsam kreativ entfalten und diese Erfahrung mit Freude erleben.

Bondage und Shibari sind so viel mehr als reine Fesseltechniken, denn sie öffnen eine Welt der sinnlichen Erfahrung, in der die Beteiligten tiefe erotische Verbindungen eingehen können. Der Schlüssel zur Sinnlichkeit und zur Erotik liegt dabei in der Kunst der Berührung, da jede Berührung während der Szene zu einer sinnlichen Geste wird, die sowohl die körperliche als auch die emotionale Intimität zwischen den Partnern verstärkt. Die Sinnlichkeit zwischen den Partnern offenbart sich dabei als fortwährende Entdeckungsreise, in der jede Kommunikation, jede Berührung und jede Fesselung zu einem eigenständigen Kapitel in der Geschichte der Sinnlichkeit, der Erotik, der Intimität und der Verbundenheit wird. Die Aufmerksamkeit und die Wahrnehmung für die subtilen Nuancen der Fesselkunst verwandeln den Akt des Fesselns dabei in eine verführerische Symphonie der Lust und der Leidenschaft.

VII. Die Kunst des Shibari

AUSDRUCK UND KREATIVITÄT IM BONDAGE

Die Welt des Shibari und Bondage ist ein faszinierendes Reich, in dem sich Menschen auf körperlicher und emotionaler Ebene verbinden. Hier verschmelzen die unzähligen Ausdrucksformen des Fesselns zu einer Sprache der Leidenschaft, in der sich die verborgene Kreativität eines jeden Seils und die subtile Kunst des Ausdrucks zu einem harmonischen Gedicht vereinigen.

Im Bondage und Shibari haben die Fesseln ihre eigene Sprache, die während der Session von Hingabe, Intimität und Vertrauen erzählen. Durch ihre präzisen Knoten und das gezielte Anlegen auf den Körper des Bottoms formen sie eine einzigartige Erzählung, die viel tiefer reicht, als Worte es jemals könnten. Die Kreativität und der Ausdruck im Bondage verwandeln sich dadurch zu einer subtilen Kunst, mit der die Beteiligten die feinsten Nuancen ihrer Emotionen zum Ausdruck bringen können. Dabei ist jede einzelne Fesselung eine eigenständige Geschichte, in der sich nicht nur Hingabe und Zuneigung manifestieren, sondern in der auch das Spiel aus Dominanz und Unterwerfung betont wird.

Die Kreativität der Fesselkunst geht weit über das bloße Anlegen von Seilen und Riemen hinaus und offenbart den Beteiligten vielmehr ein Universum unendlicher Möglichkeiten, in dem die Entwicklung eines eigenen Fesselstils einer kunstvollen Komposition aus Seilen und Bewegungen gleicht. Es beginnt mit einem Fundament des Verständnisses für die Grundlagen, dem Erlernen verschiedener Bindetechniken und der Sensibilität für ihre Auswirkungen auf den Körper und die Bewegungen. Mit Geduld, Experimentierfreude und dem Mut, konventionelle Grenzen zu durchbrechen, können Sie durch Übung und Erfahrung eigene Variationen und Raffinessen entwickeln. Diese reflektieren nicht nur Ihre eigenen Präferenzen, sondern auch die Vorlieben Ihres Partners und tragen somit zur individuellen Einzigartigkeit Ihres Fesselstils bei.

In der japanischen Fesselkunst steht die tiefgreifende emotionale Verbindung zwischen den Partnern im Vordergrund, bei der die Seile nicht nur ein Werkzeug zum Fesseln, sondern gleichzeitig auch ein Ausdrucksmittel der Gefühle sind. Dabei spiegelt die Verflechtung aus Vertrauen, Hingabe, Achtsamkeit und Einfühlungsvermögen eine kunstvolle Poesie ohne Worte wider, die über die bloße Technik des Fesselns hinausgeht und in jede einzelne Schlaufe eingebettet ist.

Die ästhetische Komposition im Shibari und im Bondage gleicht dem Zeichnen auf einer Leinwand, die durch den Körper des Unterworfenen symbolisiert wird und auf der das Fesseln zu einer wahren Performance-Kunst wird. Der spannungsgeladene Fluss der Seile kann ein visuelles Meisterwerk erschaffen, dessen Präsentation eine neue Dimension des Ausdrucks eröffnet und nicht nur technisches Geschick voraussetzt, sondern auch ein gewisses Maß an Sensibilität für Inszenierung und Ausdruck erfordert. Dabei geht es im Bondage und Shibari darum, den Körper in einer ästhetisch ansprechenden und zugleich funktionalen Art und Weise zu präsentieren, die eine tiefgreifende Emotion oder Geschichte erzählt. Die Kunst des Bondage ist eine lebendige und dynamische Welt des Ausdrucks und der Kreativität, die Beteiligte mit auf eine Reise durch die Tiefen zwischenmenschlicher Verbindungen nimmt und diese durch Knoten und Bindetechniken auf der Haut zum Ausdruck bringt.

ÄSTHETIK UND VISUELLE WIRKUNG

In der Ästhetik des Shibari fusionieren künstlerische Finesse, visuelle Anziehungskraft und emotionale Tiefe auf faszinierende Art und Weise miteinander. Die Kunst, die Seile ästhetisch ansprechend auf dem Körper des Gefesselten tanzen zu lassen, geht dabei weit über die rein technischen Aspekte des Fesselns hinaus und offenbart vielmehr eine außerordentliche Schönheit, die ihren Betrachter sofort in den Bann zieht.

Shibari ist von einem kunstvollen und einzigartigen Zusammenspiel aus Linien, Mustern und dem Körper des Unterworfenen geprägt, bei dem die ästhetisch angeordneten Seile nicht einfach nur ein simples geometrisches Muster formen, sondern vielmehr die natürlichen Konturen und Kurven des Gefesselten betonen. Dabei wird durch die Verschmelzung von Haut und Seil eine musische Symphonie geschaffen, die gleichermaßen beruhigend und anziehend wirkt. Die kreative Anordnung der Fesselmaterialien auf dem Körper des Passiven erfordert nicht nur technische Präzision durch den Aktiven, sondern auch ein gewisses Maß an Sensibilität und ästhetischem Gespür. Die visuelle Komposition, die der Top durch das geschickte Platzieren von Seilen, Riemen und Co. auf der Haut des Bottoms erzeugt, schafft ein dynamisches Spannungsfeld zwischen Sanftmut und Härte sowie Zärtlichkeit und Stärke.

Beim Shibari vereinigen sich Kunst, Spiritualität und menschliche Verbindung, während die visuelle Präsentation auf dem Körper des

Gefesselten eine Geschichte von Hingabe, Erotik, Intimität und Vertrauen zwischen den beiden Partnern erzählt. Dabei inspiriert die Ästhetik des Shibari nicht einzig und allein nur durch ihren visuellen Reiz, sondern schafft darüber hinaus auch einen Raum, in dem die Beteiligten das Zusammenspiel aus Freiheit, Ästhetik und Bindung reflektieren können.

Die Ästhetik des Shibari lässt sich auf vielfältige Art und Weise zum Ausdruck bringen, sodass eine visuelle Pracht geschaffen werden kann, die den emotionalen Tiefgang der gefesselten Person und die Schönheit ihres Körpers hervorhebt.

Im Shibari spielt die Wahl der Seile und anderer Utensilien eine entscheidende Rolle, da Materialien, Farben und Texturen sowie die Art und Weise, wie sie den Körper des Bottoms umschlingen, die visuelle Wirkung der Fesselkunst stark beeinflussen können. Während ein kontrastreiches Spiel der Farbtöne nicht nur das Muster, sondern auch die Tiefe der Fesselung verstärken kann, können glänzende oder weiche Materialien einerseits die Sinnlichkeit des visuellen Eindrucks verstärken und unterschiedliche Seilmuster andererseits visuell ansprechende Effekte schaffen.

Die Inszenierung einer Szene umfasst im Shibari nicht nur das präzise Platzieren von Fesselmaterialien, sondern beinhaltet auch die Gestaltung und Inszenierung des Raumes sowie des Hintergrunds, in dem die Session stattfindet. Dabei kann ein ästhetisch ansprechender Hintergrund den visuellen Ausdruck der Fesselkunst betonen und zu einem harmonischen Gesamtbild beitragen, das die Schönheit der Fesselung unterstreicht. Im Zuge dessen kann die visuelle Wirkung der Szene außerdem durch die Beleuchtung und das Schattenspiel vor Ort beeinflusst werden, wobei Licht und Schatten die Körperkonturen und die Seilführung hervorheben und zusätzliche dreidimensionale Tiefe erzeugen können. Außerdem kann der geschickte Einsatz von Licht und Schatten die ästhetische und emotionale Dimension der Fesselkunst unterstreichen und das Gefühl von Intimität und Geheimnissen verstärken.

Die vielseitigen Facetten der fesselnden Kunstform werden häufig durch erotische Fotografien festgehalten, in denen die Beteiligten ihre individuellen Visionen von Ästhetik ausleben können. Bei der Shibari-Fotografie ist es entscheidend, dass sowohl die Intimität und die Schönheit der Fesselung selbst eingefangen werden als auch die Privatsphäre und die Persönlichkeit der teilnehmenden Personen gewahrt werden können. Aus diesem Grund erfordert die erotische Shibari-Fotografie nicht nur ein tiefes Verständnis für die verschiedenen Techniken und Knoten selbst sowie ein grundlegendes Gespür für die visuelle Inszenierung, sondern auch ein gewisses Maß an Feingefühl, den Respekt für die Einwilligung der abgebildeten Personen sowie die Berücksichtigung ihrer individuellen Grenzen.

Die Ästhetik des Shibari wird innerhalb der BDSM-Dynamik und der Fetischkultur oftmals als Ausdruck von Sinnlichkeit und Individualität betrachtet, weshalb die visuelle Wirkung der Fesselung als Symbol für die Verschmelzung von Intimität, Lust, Macht und der menschlichen Form betrachtet werden kann. In der Summe ist die Ästhetik des Shibari ein komplexes Zusammenspiel, das sich aus unterschiedlichen Farben und Materialien, Inszenierungen und emotionalem Tiefgang zusammensetzt. Shibari bietet den Praktizierenden einen Raum, in dem sie sich künstlerisch entfalten und über die Schönheit der menschlichen Form sowie die tiefe Verbundenheit im Kontext von erotischer Kunst und Intimität reflektieren können.

SHIBARI ALS THERAPEUTISCHER PROZESS

Die Kunst des Shibari geht weit über die ästhetische Präsentation der Szene hinaus und kann während der Fesselung eine therapeutische Wirkung entfalten, die bis in die Tiefe der menschlichen Psyche eindringen kann. Dabei bietet das Shibari als therapeutisches Werkzeug eine einzigartige Möglichkeit, tiefe emotionale sowie spirituelle Schichten des Selbst zu erkunden. Damit betont es also nicht nur die rein körperliche Erfahrung während der Fesselung, sondern öffnet darüber hinaus auch die Tore zu einer inneren Reise der Selbstentdeckung und der Heilung, durch die die Beteiligten eine neue Wertschätzung für ihren eigenen Körper entwickeln und ein positives Selbstbild fördern können.

Das Fesseln setzt verschiedene Qualitäten – wie Kommunikation, Respekt und Sensibilität – voraus, die wiederum Raum für Vertrauen schaffen, in dem die mentalen, emotionalen und in einigen Fällen sogar physischen Blockaden der Beteiligten gelöst werden können. Das bewusste Fesseln während des Aktes bietet dem Gefesselten die Möglichkeit, loszulassen und dem Top die absolute Kontrolle zu überlassen. Diese Losgelöstheit inspiriert die Beteiligten nicht nur dazu, die Kontrolle abzugeben, sondern auch dazu, in den gegenwärtigen Moment einzutauchen. Damit schafft das Loslassen einen Raum der tiefen Entspannung und kann somit einerseits dazu beitragen, Stress abzubauen, und hilft andererseits dabei, einen mentalen Zustand der Ruhe und des Friedens zu erreichen.

Durch das bewusste und künstlerische Platzieren der Seile auf dem Körper des Bottoms und die damit geschaffene körperliche Einschränkung werden auf dem Körper des Passiven Druckpunkte erzeugt, die eine tiefe, heilende und beinahe meditative Wirkung haben können. Diese körperliche Einschränkung kann dazu beitragen, den Geist des Gefesselten zu beruhigen und von belastenden Gedanken zu befreien, seine eigenen Körpergrenzen wahrzunehmen und seinen Körper dabei auf eine heilende Reise zu schicken.

Zusätzlich können während der Fesselung Gedanken und Gefühle zum Vorschein kommen, die bislang tief im Inneren des Gefesselten verborgen lagen. Damit eröffnet Shibari den Beteiligten also Zugang zu einem Ort der Achtsamkeit, an dem sich der Aktive und der Passive intensiv selbst reflektieren können. Diese intensive Selbstreflexion kann zum Beispiel durch eine Meditation im Shibari zu einer persönlichen Reise der Reflexion, des Loslassens und der Entspannung kombiniert werden.

Definition: Achtsamkeit
Achtsamkeit bedeutet, körperlich und mental im gegenwärtigen Augenblick zu sein und das Leben so zu erleben, wie es sich von Moment zu Moment entfaltet.

Meditation im Shibari

Audiodatei 1

Suchen Sie sich gemeinsam einen ruhigen Ort, an dem eine angenehme Atmosphäre herrscht, die zum Loslassen und zum Entspannen einlädt und in der es keine Ablenkungen und keinerlei potentielle Störquellen gibt. Entscheiden Sie nun gemeinsam, wer von Ihnen die Rolle des Tops und wer die Rolle des Bottoms übernehmen soll. Der Partner, der die unterworfene Rolle einnimmt, legt oder setzt sich nun entspannt und in einer angenehmen Position, in der er sich wohlfühlt und sich fallen lassen kann, hin. Schließen Sie die Augen und visualisieren Sie einen Raum, der Frieden und Ruhe ausstrahlt. Der dominierende Partner nimmt gleichzeitig ein Seil zur Hand.

Zu Beginn der Meditation konzentriert sich der passive Partner von Ihnen zunächst auf seine eigene Atmung. Atmen Sie ganz bewusst tief ein und wieder aus und konzentrieren Sie sich dabei darauf, wie Ihr Atem durch Ihren Körper strömt und sich im Zuge jeder Ein- und Ausatmung ein wenig verändert. Mit der Zeit wird Ihre Atmung ganz ruhig und gleichmäßig. Der Top wickelt nun das Seil achtsam und langsam um Ihren Körper.

Der Bottom visualisiert die Seilführung durch den Top vor seinem inneren Auge und spürt jede einzelne Berührung auf seiner Haut. Fühlen Sie, wie das Seil Sie sicher umarmt und dadurch eine wohlige Umgebung für Sie schafft. Fühlen Sie die Präsenz der Seile und die Anwesenheit Ihres aktiven Partners. Spüren Sie, wie er Sie unterstützt und Sie in ein Gefühl der Geborgenheit umhüllt.

Der aktive Partner kreiert nun sanfte Druckpunkte auf dem Körper des Bottoms, auf die sich dieser vollkommen einlässt und wodurch er die Einladung zur Entspannung annimmt. Jede Berührung durch das Seil lässt sukzessiv jegliche Anspannung von Ihnen abfallen, sodass Sie sich immer tiefer in die Meditation begeben können. Konzentrieren Sie sich zunehmend auf das Gefühl der Verbundenheit mit Ihrem Partner und dem Seil. Erlauben Sie es sich, all Ihre Sorgen und Gefühle loszulassen. Spüren Sie, wie die Berührungen Ihres Partners Sie dazu einladen, den gegenwärtigen Moment zu leben und Ihren eigenen Geist zu beruhigen. Fühlen Sie, wie Ihr Körper mit Dankbarkeit und Selbstakzeptanz durchströmt wird und wie die Wertschätzung für Ihren eigenen Körper und diese Erfahrung, die Ihnen das Shibari bietet, in Form eines Raumes für Achtsamkeit und Selbstliebe durch jede Zelle Ihres Körpers fließt. Genießen Sie den Moment und fühlen Sie sich immer ruhiger, entspannter, ausgeglichener, losgelöster und stärker.

Die Seilführungen des dominierenden Partners werden nun immer langsamer und sanfter, bis er das Seil schließlich gänzlich vom Körper des Bottoms entfernt. Der unterworfene Partner verbleibt nun noch einen Moment lang im meditativen Zustand. Kehren Sie dann langsam und in Ihrem eigenen Tempo in das Hier und Jetzt zurück. Spüren Sie Ihre Umgebung, öffnen Sie behutsam Ihre Augen und nehmen Sie sich so viel Zeit, wie Sie brauchen, um im gegenwärtigen Moment anzukommen. Meditationen sind wundervolle therapeutische Werkzeuge, die im Kontext des Shibari angewendet werden können, um eine meditative Praxis während der Session zu betonen und dadurch nicht nur potentiell heilende Effekte zu erzielen, sondern auch eine tiefe Verbindung zwischen dem eigenen Körper und dem eigenen Geist sowie zwischen Top und Bottom herzustellen. Während des Fesselns entsteht zwischen den Partnern nämlich nicht nur eine rein physische Verbindung durch die verwendeten Fesselutensilien, sondern auch eine emotionale Bindung. Der Gefesselte vertraut dem Fesselnden seinen Körper an und offenbart dadurch eine sehr offene und zugleich verletzliche Seite von sich. Diese emotionale Offenheit kann intensive Gefühle der Befreiung mit sich bringen und zum Loslassen von Unsicherheiten, Ängsten sowie emotionalen Blockaden führen. Die Bindung, die im Shibari zwischen den Beteiligten entsteht, erlaubt es ihnen, sich auf einer tieferen emotionalen Ebene zu öffnen, auf der sie oftmals bislang verborgene Emotionen erkunden können. Diese Reise kann äußerst heilend sein, vorausgesetzt, der Raum wird stets vertrauensvoll und sicher gehalten.

Obgleich das Shibari als therapeutischer Prozess auf den ersten Blick unkonventionell erscheinen mag, sind die positiven Auswirkungen der ästhetischen Fesselkunst auf die Psyche der Beteiligten keinesfalls zu unterschätzen. Die Kunst des Fesselns bietet eine einmalige Gelegenheit der tiefen Entspannung, der Selbstreflexion und der Achtsamkeit. Obwohl das Shibari keineswegs eine Therapie ersetzt, bietet es trotzdem den Raum, unterdrückte Emotionen während einer Szene zu spüren und diese zu verarbeiten, da die mentale Aktivität der Beteiligten für einen Moment lang pausiert wird und gleichzeitig ein Ort sehr heilsamer Stille erschaffen wird.

VIII. Fortgeschrittene Techniken & Spezialthemen

PARTNERWECHSEL UND GRUPPEN-BONDAGE

Partnerwechsel und Gruppen-Bondage sind Spezialthemen der Fesselkunst, die sich in erster Linie für bereits erfahrene Bondage-Liebhaber eignen. Sie erfordern eine noch höhere Ebene des Vertrauens, der Kommunikation und der Verantwortung als Sessions, die lediglich zwischen zwei Partnern ausgetragen werden.

Grundsätzlich setzt die Einbeziehung von Dritten eine sorgfältige Planung, einen respektvollen Umgang, ein tiefes Vertrauen und die Zustimmung aller Beteiligten voraus, die vor einem Partnertausch und einer Gruppensession umfassend und offen über ihre Wünsche, Erwartungen und Grenzen sprechen und klare Vereinbarungen über den Ablauf der Handlung treffen sollten. Die Kommunikation untereinander sollte dabei jedoch keinesfalls vor der Session enden, sondern stattdessen kontinuierlich fortgeführt werden, damit sichergestellt werden kann, dass sich alle Beteiligten sicher und wohlfühlen. Aus diesem Grund sollten vor Beginn der Session nicht nur die individuellen Grenzen jedes Beteiligten offenbart werden, sondern auch alle Sicherheitsvorkehrungen besprochen sowie ein Notfallplan aufgestellt werden, der den sofortigen Eingriff in einer Notsituation ermöglicht.

In der Regel erfordern Gruppensessions nicht nur ein erhöhtes Maß an Kommunikation, sondern auch an Koordination, da sowohl die Bedürfnisse als auch die Grenzen aller Beteiligten berücksichtigt werden müssen, was häufig zu komplexen Situationen und Herausforderungen führen kann. Auf der anderen Seite eröffnen Gruppensessions natürlich auch einen Raum für neue Perspektiven, erweiterte Interaktionen und tiefere soziale Erfahrungen im Rahmen der Kunstform. Sie stärken nicht nur das Vertrauen und die soziale Bindung zwischen den Beteiligten, sondern ermöglichen auch ein gemeinsames, unvergessliches Erlebnis. Partnerwechsel können außerdem dazu beitragen, eine neue Dynamik und Leidenschaft in bereits bestehende Beziehungen zu etablieren.

Ein Wechsel des Partners und die Einbindung einer dritten Person in die gemeinsame Bondage-Erfahrung erfordert ein gewisses Maß an Fingerspitzengefühl und setzt gleichzeitig die Rücksichtnahme der individuellen Bedürfnisse und Grenzen aller Beteiligten voraus. Um zu gewährleisten, dass die Beteiligten mit einem Partnertausch vollkommen einverstanden sind, sollten ein respektvoller Umgang, Rücksichtnahme, offene Kommunikation, Vertrauen und sensibles Handeln vorausgesetzt werden. Um sicherzustellen, dass sich alle Beteiligten während des Gruppen-Bondage wohlfühlen, und um die Dynamik einer weiteren Person in das Bondage zu integrieren, sollte dieses zunächst mit weniger anspruchsvollen Techniken und in einem langsamen Tempo begonnen und sukzessive gesteigert werden.

Prinzipiell sind Flexibilität und Spontanität wichtige Qualitäten für Gruppen-Bondage und Partnerwechsel. Die Beteiligten sollten zu jeder Zeit bereit sein, den Ablauf der Session spontan zu verändern und an die Bedürfnisse der einzelnen Teilnehmer anzupassen. In einigen Fällen können spontane Einfälle und Ideen sogar einen großen Mehrwert für die Erfahrung bieten.

Die Beteiligten sollten sich zudem vorab überlegen, welche Rolle von jeder Person der Gruppe eingenommen werden soll und ob jeder aktiv an der Session teilnehmen oder zu Beginn vielleicht erst einmal die Rolle des Unterstützers oder des Beobachters einnehmen möchte. Im Laufe des Aktes sollte allen Teilnehmern natürlich dieselbe Aufmerksamkeit geschenkt werden. Außerdem ist es wichtig, die Rollen oder Positionen zu rotieren, um unterschiedliche Erfahrungen und Dynamiken zu ermöglichen.

In der Summe sind Partnerwechsel und Gruppen-Bondage definitiv fortgeschrittene Praktiken, die ein tiefes Verständnis für die Seilführung sowie die Sicherheitsaspekte voraussetzen und deshalb nur von sehr erfahrenen Bondage-Liebhabern ausgeführt werden sollten. Unter Einhaltung der Sicherheitsvorkehrungen und mit Berücksichtigung individueller Präferenzen können das Gruppen-Bondage und der Wechsel des Partners eine tiefere Ebene des Vertrauens, der Intimität und der sozialen Verbindung schaffen und so zu einer kunstvollen und bereichernden Erfahrung werden.

SUSPENSION UND LUFT-BONDAGE

Die Suspension ist eine komplexere und anspruchsvollere Form des Fesselns und gehört deshalb zu den fortgeschrittenen Techniken im Bondage. Unter dem Terminus Suspension wird im Bondage die Kunst verstanden, den Körper des unterworfenen Partners anzuheben und ihn somit teilweise oder sogar vollständig vom Boden abzuheben. Bei der Suspension handelt es sich also um Fesselungen, die den Bottom in eine hängende Position bringen.

Vorbereitung einer Suspension

Das Hängebondage setzt nicht nur Sorgfalt und allgemeine Erfahrung im Bondage voraus, sondern erfordert auch tiefgreifende anatomische Kenntnisse über den menschlichen Körper und grundlegende Erste-Hilfe-Kenntnisse. Darüber hinaus sind die Wahl der Materialien, die Vorbereitung des Körpers durch Aufwärmen und Dehnen sowie die gleichmäßige Positionierung der Seile zur Verteilung der Druckpunkte grundlegende Aspekte, die beide Partner vor einer Suspension berücksichtigen müssen. Auf der anderen Seite eröffnet die Suspension für die eigene Fesselpraxis aber auch neue Dimensionen der Ästhetik, verlangt zur selben Zeit allerdings auch ein Höchstmaß an Sicherheit und Verantwortung.

Genau wie bei allen anderen Bondage-Techniken steht die Sicherheit aller Beteiligten auch bei der Suspension im Vordergrund. Deshalb ist eine sorgfältige Planung der Session inklusive eines Plans über die Art der Suspension, die Position und Dauer, eine offene und klare Kommunikation sowie das Aneignen von Wissen über die physischen Grenzen des hängenden Partners unerlässlich. Außerdem erfordert das Luft-Bondage einerseits solide Kenntnisse der Seiltechniken, um Verletzungen und unnötige Belastungen zu vermeiden, und andererseits eine tiefe vertrauensvolle Beziehung zwischen den beiden Partnern.

Für den unterworfenen Partner ist das Gefühl, in der Luft zu schweben, eine Fortführung seiner Reise der Hingabe, Kontrollabgabe und des Vertrauens. Besonders dann, wenn seine Sicht eingeschränkt ist, verliert er im Laufe der Zeit die Verbindung zu seiner Umgebung und empfindet eine Art Schwerelosigkeit. Der Zustand des Schwebens und der vermeintlichen Schwerelosigkeit kann während der Suspension tiefe psychologische Auswirkungen haben und setzt ein hohes Maß an Vertrauen zwischen dem Top und dem Bottom voraus.

Die Schwerelosigkeit bei einer Suspension kann dabei jedoch nicht nur als ein Akt des Vertrauens interpretiert werden, sondern auch als Akt der Hingabe und der Kontrollabgabe. Während der Suspension gibt der Passive die Kontrolle über seine physische Position und seine Sicherheit in gewisser Weise an den Aktiven ab, der dann die Verantwortung übernimmt. Aus psychologischer Sicht kann dieser Vorgang nicht nur ein Gefühl von Freiheit durch das Loslassen der eigenen Kontrolle erzeugen, sondern auch ein tiefgehendes Maß an Hingabe hervorrufen.

Darüber hinaus kann die Erfahrung der Schwerelosigkeit während des Hängebondage für den Bottom eine Grenzerfahrung sein, die es ihm ermöglicht, sich außerhalb seiner eigenen Komfortzone zu bewegen, und damit eine intensive Form der Selbstreflexion in ihm hervorrufen. Die Erfahrung der Schwerelosigkeit erlaubt es dem Passiven somit, sich mit seinen eigenen Grenzen auseinanderzusetzen.

Am Ende der Suspension kehrt der unterworfene Partner wieder auf festen Boden zurück, womit die Erfahrung der Schwerelosigkeit beendet ist. Diese Rückkehr kann psychologisch betrachtet einen Übergang markieren, bei dem der Bottom aus einem außergewöhnlichen Zustand zurück in die Alltagsrealität kehrt und in der er seine Erfahrung reflektieren kann.

Sicherheitsaspekte

Grundsätzlich ist die Suspension, aufgrund ihrer Komplexität und ihrer potentiellen Konsequenzen, lediglich für ausreichend erfahrende Bondage- und Shibari-Liebhaber geeignet. Insbesondere der dominante Partner muss über ausreichend Wissen und Können verfügen, um die Sicherheit des Bottoms gewährleisten zu können. Zudem werden für das Luft-Bondage entsprechende Vorrichtungen an den Wänden oder der Decke benötigt, deren Belastbarkeit während des gesamten Aktes im Auge behalten werden sollte. In einigen Fällen kann außerdem eine dritte Person, die Hilfe leistet und den Passiven zum Beispiel hochhebt, ratsam sein. Obwohl es einige aus Japan stammende Fesseltechniken gibt, die längere Suspensionen möglich machen, ist ein Hängebondage im Allgemeinen nur für eine kurze Zeit geeignet (anfangs nicht länger als zwei Minuten). Je kleiner dabei die Auflagefläche des Körpers im Luft-Bondage ist, desto kürzer ist auch die mögliche Hängezeit des Bottoms. Außerdem sind Menschen nur für eine sehr kurze Zeit in der Lage, eine bestimmte Position auszuhalten, bei der sie an den Füßen und mit dem Kopf nach unten aufgehängt sind. Ein zu langes Verweilen in dieser Position kann früher oder später zu Ohnmacht führen.

Für den unterworfenen Partner macht es zudem keinerlei Unterschied, ob er nur wenige Zentimeter oder mehrere Meter über dem Boden schwebt – insbesondere dann nicht, wenn ihm sowieso die Augen verbunden werden oder er eine Maske trägt. In jedem Fall ist ein Aufhängen in wenigen Zentimetern über dem Boden jedoch sicherer, da der potentielle Aufprall sanfter wäre. Unterhalb des Kopfes des Passiven kann sicherheitshalber ein Kissen auf den Boden gelegt werden, um einen Aufprall, wenn sehr schnelles Ablassen erforderlich ist, bestmöglich abzufedern. Allerdings muss an dieser Stelle betont werden, dass auch ein Fall aus einer kleinen Höhe gravierende Folgen haben kann.

Am menschlichen Körper gibt es kaum eine Stelle, die sich dazu eignet, das Gesamtgewicht des Körpers dauerhaft alleine zu tragen. Dabei sind vor allem weder die Hand- noch die Fußgelenke dazu ausgelegt, das gesamte Gewicht des Körpers zu tragen. Stattdessen sollte bei einem Hängebondage immer mit einer Lastverteilung auf mehrere Stellen des Körpers gearbeitet werden.

Die Materialfrage bzw. die Stabilität der Fesselutensilien hat bei der Suspension einen noch größeren Stellenwert als bei anderen Bondage-Techniken. Bei einer Suspension sollten immer ausschließlich qualitativ sehr hochwertige und für eine Suspension geeignete Materialien verwendet werden, denn falls das Material bei dieser Technik reißen sollte, hat das fast immer einen schweren Unfall zur Folge.

Techniken

Die Suspension kann in vielen unterschiedlichen Variationen erfolgen und zum Beispiel senkrecht oder waagerecht, mit dem Kopf nach unten oder nach oben, an nur wenigen Seilen hängend oder mit vielen Seilen, mit denen der Passive wie eine Art Paket verschnürt wird, durchgeführt werden. Außerdem ist die Suspension eine hervorragende Technik, die in der zweiten Hälfte einer Session ausgeführt werden kann, da viele ihrer Varianten eine Oberkörper- und/oder Unterkörperfesselung voraussetzen, die Beteiligte in der Regel sowieso oft binden.

Anleitung – Suspension mit dem Bauch nach oben

- Der Bottom stellt sich zunächst aufrecht hin und legt seine Arme vor dem Oberkörper zusammen, sodass der Top diese mit einer einfachen Handfessel (siehe Kapitel „Einfache direkte Fesselungen") fixieren kann.

- Von den Handgelenken des Bottoms ausgehend führt der Top das Seil nun einmal quer über seinen Rücken und wieder nach vorne, wobei das Seil entlang der Kerbe zwischen Arm- und Schultermuskeln des Unterworfenen verlaufen sollte.

- Parallel zur ersten Wicklung erfolgt nun eine zweite Wicklung, bei der das Seil unterhalb der ersten Seillage hindurchgezogen wird.

- Daraufhin zieht der Aktive das Seil so zu, dass die beiden Seillagen nebeneinander auf dem Körper des Passiven aufliegen.

- Anschließend zieht er das Seil zunächst mit einer Wicklung auf der einen und dann auf der anderen Seite am eben entstandenen Mittelsteg fest.

- Nun legt der Top das Seil ein weiteres Mal um den Mittelsteg und führt es dann an den Körper des Bottoms zurück, bevor er das Seil zwischen dem Arm und dem Körper des Bottoms nach hinten zieht, um es dann oberhalb der gelegten Seillagen herauszuziehen.

• Im Anschluss legt der Aktive das Seil über die Seillagen und führt es zwischen Arm und Körper des Passiven nach vorne. An dieser Stelle sollte er darauf achten, dass sich die Seillagen nicht verdrehen, aber trotzdem straff gehalten werden, um sie gegen ein Hochrutschen zu sichern.

• Unterhalb des Mittelsteges führt der Dom das Seil nun auf die andere Körperseite des Subs, wo er das Seil erneut zwischen dem Arm und dem Körper des Subs nach hinten und dann oberhalb der gelegten Seillagen herauszieht. Analog zur anderen Seite legt der Aktive das Seil auch auf dieser Seite wieder über die Seillagen und führt es dann zwischen Arm und Körper des Passiven nach vorne.

• Auf Brusthöhe legt der Top das Seil erneut einmal um den Mittelsteg, an dem er dann ein neues Seil ansetzen kann.

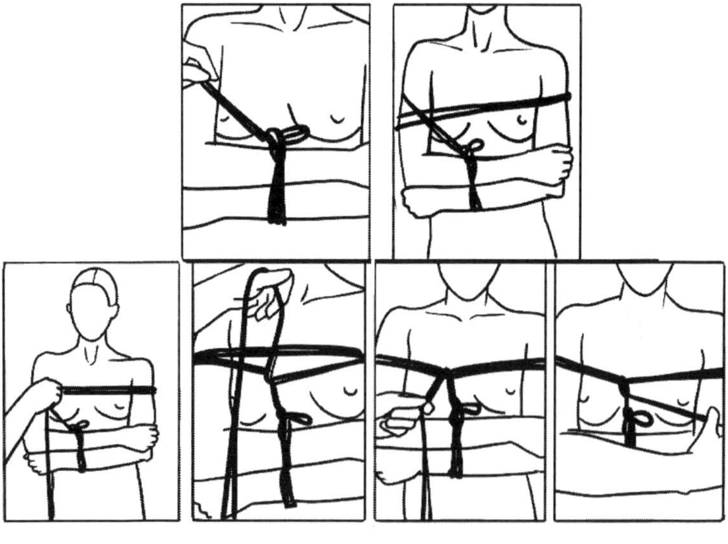

• An der Schlaufe der einfachen Handgelenksfesselung wird nun ein neues Seil angesetzt, das der Top auf der Höhe des unteren Drittels des Oberarms des Bottoms sowohl über dessen Arm als auch über seinen Rücken auf die andere Seite zieht.

• Anschließend legt der Aktive, parallel zur ersten Lage, eine zweite Lage um den Oberkörper des Passiven und zieht diese Seillage erst mit einer Wicklung rechts und dann links vom Steg aus fest.

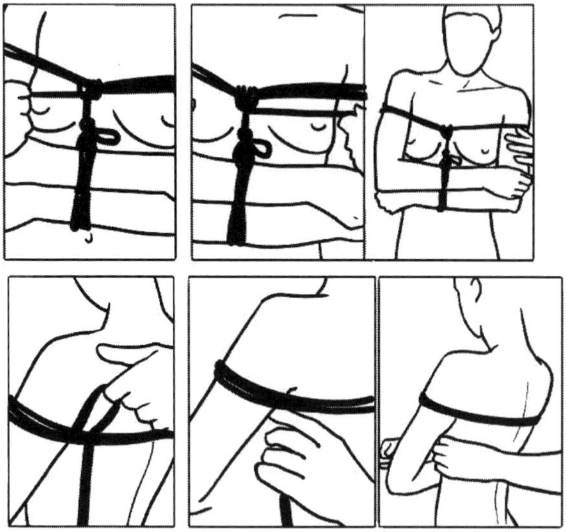

• Im Anschluss führt er das Seil unterhalb des Stegs, zwischen Arm und Oberkörper des Passiven, zurück um diese Seillage, um die Fesselung gegen ein Verrutschen zu sichern.

• Analog dazu vollzieht der Dom dieselben Schritte zur Sicherung erneut auf der anderen Körperseite des Subs, wobei er das Seil bei der Rückführung zum Steg unter diesem entlangführt und dort mit einer Wicklung sichert.

• Das überschüssige Seil kann nun noch in einer V-Form um den Körper des Bottoms gefesselt werden, wobei das Seil zwar über die Sicherungen, allerdings unterhalb der Doppellagen entlang zu den Schultern verläuft.

• An den Schultern angekommen, führt der Top das Seil einmal nach hinten um den Hals des Bottoms und über seine andere Schulter, wobei er das Seil über den Sicherungslagen und unter den Doppellagen wieder zurück nach vorne führt.

- Das restliche Seil wird dann so am Mittelsteg befestigt, dass der Basisknoten vom Anfang noch frei zugänglich ist.

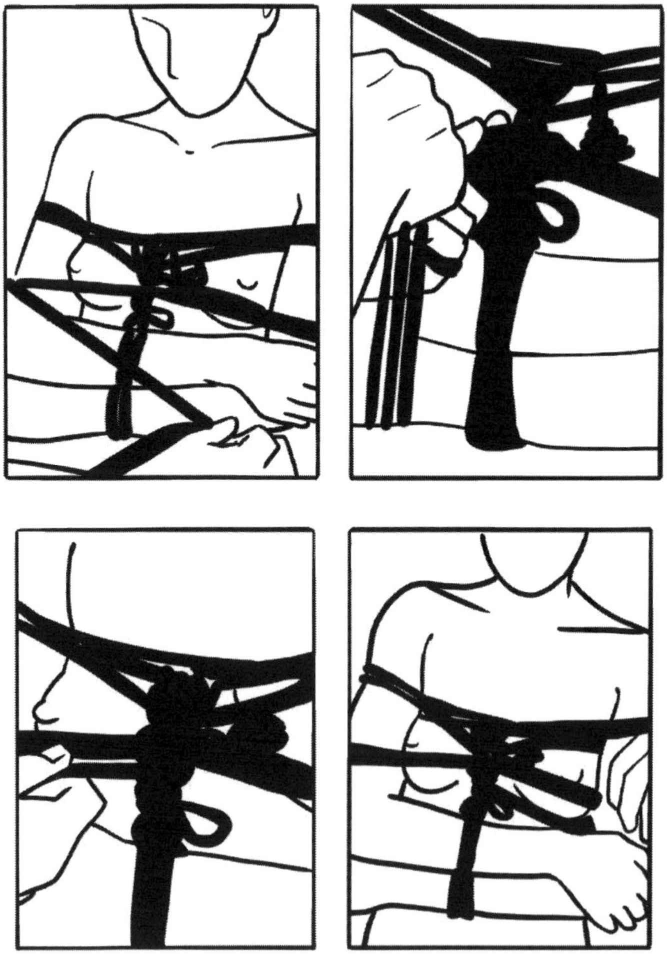

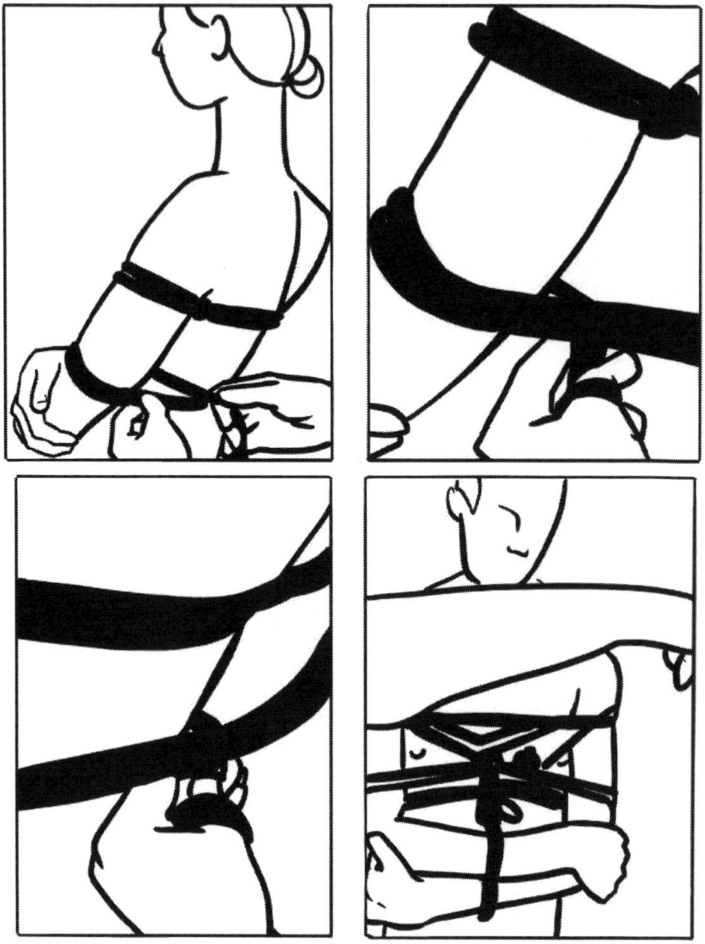

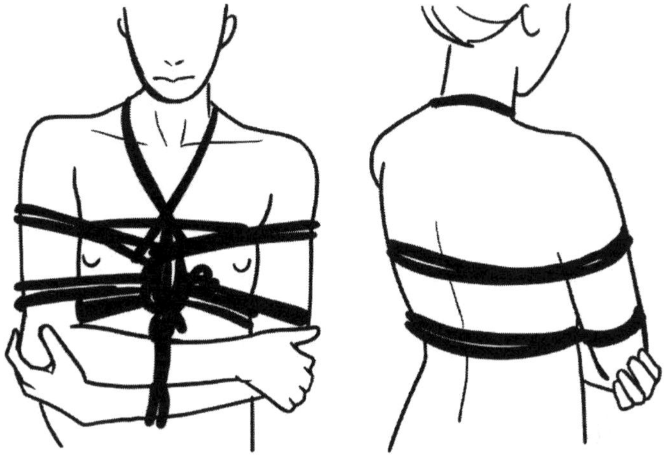

• Nachdem der Top den Oberkörper des Bottoms für die Suspension vorbereitet hat, zieht er ein separates, doppelt gelegtes Hängeseil von einer Seite unter den Doppellagen an der Oberkörperfesselung zur anderen Seite hindurch, ohne dabei die Sicherungsseile einzubeziehen.

• Dann legt er die Enden des Hängeseils überkreuz, zieht sie unter den Seillagen hindurch und fixiert das Seil schließlich mit einem Knoten, wobei die dabei entstandene, überstehende Schlaufe circa zehn Zentimeter lang sein sollte.

• Nun können Top und Bottom gemeinsam entscheiden, ob sie zunächst das eine Bein des Bottoms mit einem einfachen Befestigungsknoten am Fußgelenk oder oberhalb des Knies fixieren möchten. Die Wicklung sollte in jedem Fall ausreichend Bewegungsfreiheit lassen.

• Anschließend wird das Hängeseil, das an der Oberkörperfesselung des Passiven befestigt ist, erst durch einen Ring oder einen Karabiner an der Decke, dann durch die Schlaufe desselben Seils und dann erneut durch die Schlaufe des Hängeseils gezogen.

• Von der Schlaufe des Hängeseils ausgehend wird das Seil erneut zur Deckenbefestigung geführt, sodass das Gesamtbündel der einzelnen Lagen des Hängeseils mit einem halben Schlag aneinandergedrückt wird.

• Abschließend können nun auch die Beine des Bottoms, mithilfe der Befestigungsknoten, ebenfalls an der Decke fixiert werden.

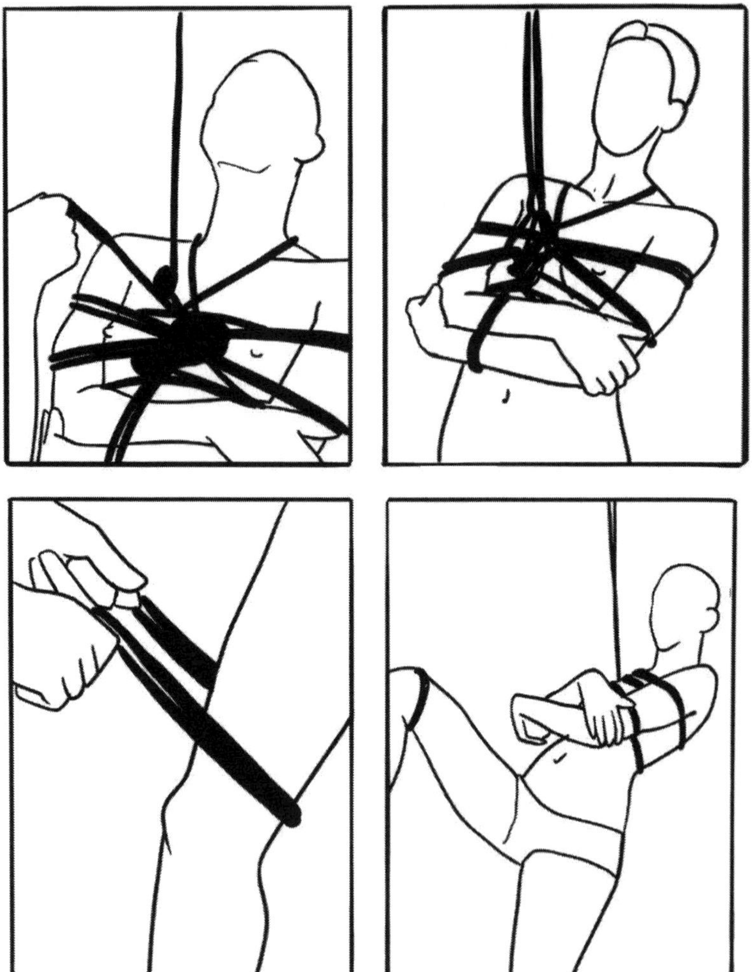

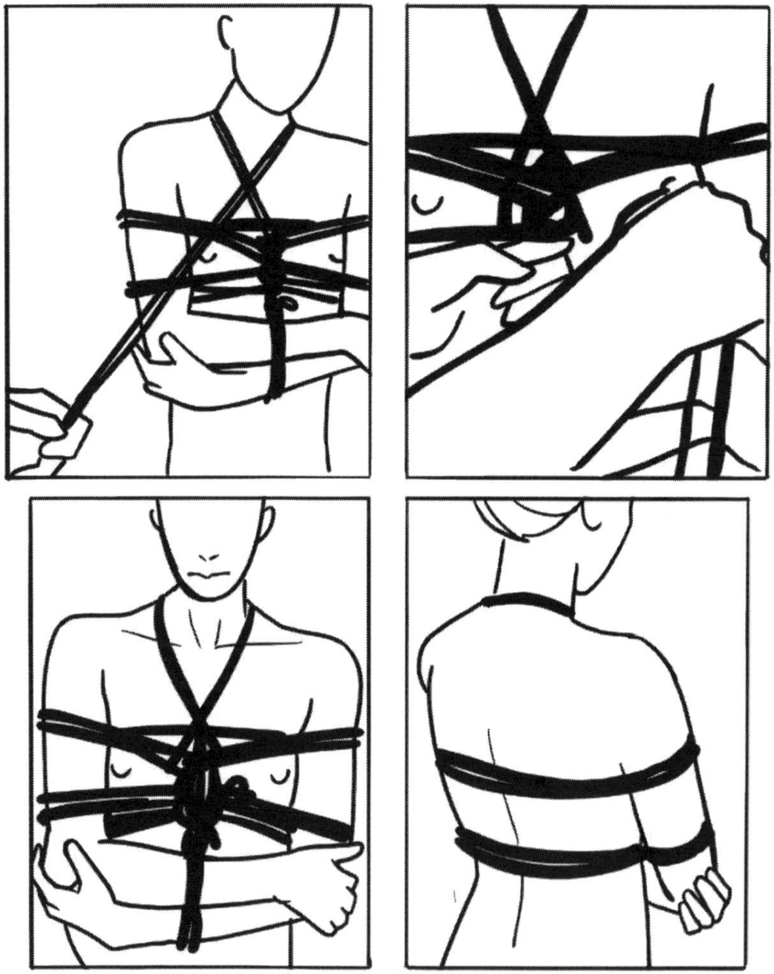

Anleitung – Flaschenzug mit Hand- oder Fußmanschetten

Als alternative Suspensionstechnik zur hängenden Fesselung mit Seilen kann die Luft-Bondage auch in Form eines Flaschenzuges mit Hand- oder Fußmanschetten durchgeführt werden. Diese Methode ist technisch relativ einfach und Sie benötigen lediglich die folgenden Dinge:

- einen sehr stabilen Haken an der Decke,
- einen stabilen Flaschenzug mit mindestens drei Millimeter dickem Stahldraht oder alternativ auch mit mindestens einem Zentimeter dickem Nylonseil,
- einen Raum, der mindestens drei Meter hoch ist und
- spezielle Hand- und/oder Fußmanschetten, die auf Suspensionen ausgelegt sind.

Bei der Flaschenzug-Suspension kann der Top den Bottom mit Handmanschetten an seinen Händen nach oben ziehen, wofür er seine Hände entweder mit einem stabilen Karabiner am Flaschenzug zusammen hochziehen oder eine Spreizstange benutzen kann, an deren Enden er jeweils eine Hand des Bottoms mit jeweils einem Karabiner befestigt und den Flaschenzug dann mittig an der Stange anbringt.
Möchte der Aktive den Passiven an seinen Füßen hochziehen, kann er das ebenso entweder mit oder ohne Spreizstange tun. In jedem Fall sollte sich der Bottom zunächst ungefesselt in Rückenlage hinlegen, bevor er seine Füße fesselt und ihn dann langsam in die Luft zieht. Währenddessen kann der Bottom den Prozess des Hochziehens außerdem mit seinen freien Händen unterstützen.

Sobald der Kopf des Passiven vom Boden abhebt und frei in der Luft schwebt, muss der Aktive den Flaschenzug befestigen und sichern. Im Anschluss kann er dann die Hände des Subs auf seinem Rücken zusammenbinden.

Nachsorge bei Suspension

Nach einer Suspension ist es unerlässlich, angemessene Maßnahmen im Rahmen der Nachsorge bzw. der Aftercare zu treffen, um sowohl die körperliche als auch die emotionale Gesundheit des unterworfenen Partners sicherzustellen.

In erster Linie benötigt der Bottom nach einer Suspension ausreichend Zeit, um sich von der Fesselung zu erholen. Eine langsame und sanfte Wiederaufrichtung seines Körpers in seinem eigenen Tempo, das von einer langen Ruhepause begleitet wird, ist empfehlenswert, um potentielle Schwindelgefühle oder das Gefühl eines Unwohlseins so gut es geht zu minimieren. Anschließend sollte dann entweder der Passive selbst oder der Aktive den Körper des Bottoms auf Abdrücke, Druckstellen oder Verletzungen überprüfen und diese gegebenenfalls versorgen und behandeln.

Auf körperlicher Ebene ist es nach der Suspension zudem wichtig, den Körper mit ausreichend Flüssigkeit zu versorgen und eine nahrhafte und ausgewogene Mahlzeit einzunehmen, damit der Bottom seine verbrauchten Energiereserven wieder neu auffüllen kann.

Außerdem ist die Suspension eine sehr emotionale Erfahrung, die beim unterworfenen Partner intensive Gefühle hervorrufen kann, weshalb auch die emotionale Nachsorge nach der Fesselung nicht zu kurz kommen darf. An dieser Stelle können ein offenes Gespräch über die gemeinsame Erfahrung und die emotionale Unterstützung durch den Aktiven, der dem Passiven ein Gefühl von Sicherheit vermitteln sollte, unterstützend wirken.

Generell sind sowohl die Nachsorge als auch die Vorsorge unverzichtbare Elemente der Suspension, die ein positives Erlebnis des Luft-Bondage gewährleisten und dazu beitragen können, dass alle Beteiligten eine sichere und bereichernde Erfahrung haben.

INTEGRATION VON BDSM-ELEMENTEN IM BONDAGE

Die Integration von BDSM-Elementen in das Bondage eröffnet eine große Bandbreite an Dynamiken und Erfahrungen, die bisherige Bondage- oder Shibari-Routinen revolutionieren und eine tiefere Ebene der Interaktion und Erfahrung schaffen können. Die Kombination aus BDSM-Elementen und Bondage bzw. Shibari erfordert allerdings ein tiefes Verständnis der Praktiken und eine verantwortungsbewusste und sorgfältige Herangehensweise. Dabei ist in erster Linie ein tiefes und grundlegendes Verständnis der Techniken, Ausführungen und Sicherheitsvorkehrungen der Bondage- und Shibari-Praktiken Grundvoraussetzung zur Integration bestimmter BDSM-Elemente.

Genau wie bei allen anderen Aspekten der Fesselkunst ist eine offene und ehrliche Vorabkommunikation über die Wünsche, Vorlieben und Grenzen aller Beteiligten beim Wunsch nach einer Integration von BDSM-Elementen essentiell. Neben den individuellen Erwartungen und Grenzen aller Beteiligten sollte im Vorfeld außerdem über die Einvernehmlichkeit der Handlungen und die Verteilung der Dominanz- und Unterwerfungsrollen gesprochen werden, wobei insbesondere der Partner, der die dominante Rolle übernimmt, ein hohes Maß an Sensibilität gegenüber den Bedürfnissen des Subs aufbringen muss.

Im Rahmen von Dominanz- und Unterwerfungsrollen kann das Bondage auch als Teil von BDSM-Rollenspielen neue Dimensionen und Interaktionen während einer Session bieten und als Mittel zur Darstellung von Hierarchie, Macht und Kontrolle innerhalb der Rollen dienen. Bei den Rollenspielen sind der Kreativität der Beteiligten keinerlei Grenzen gesetzt. Von Lehrer-Schüler-Rollenspielen, bei dem der eine Partner die Rolle des Schülers und der andere die Rolle des Lehrers übernimmt, der das Bondage als Mittel zum Ausdruck von Macht, Autorität und Disziplin nutzt, bis hin zu Entführungsszenarien, in denen der Entführer dem Opfer Kontrolle in Form von Bondage-Techniken demonstriert, um das Gefühl seiner Gefangenschaft zu verstärken, ist alles denkbar.

Ebenso unerlässlich ist auch an dieser Stelle die Etablierung klarer Sicherheitscodes oder Signale, die beide Partner während der Session verwenden können, um den Akt des Fesselns, wenn nötig, sofort zu unterbrechen. Die Beteiligten sollten sich hierbei nicht nur über die potentiellen Risiken und Gefahren der einzelnen Fesseltechniken bewusst sein, sondern darüber hinaus auch bedenken, dass bestimmte BDSM-Elemente ebenfalls Risiken und Gefahren bergen können und ebenso Sicherheitsvorkehrungen und Notfallprotokolle erfordern.

Die Wahl der BDSM-Elemente, die in die Bondage- oder Shibari-Praxis integriert werden sollen, obliegt dabei einzig und allein den beteiligten Personen. Grundsätzlich gibt es viele verschiedene Möglichkeiten und Elemente, die in die individuelle Fesselpraxis eingebunden werden können, wobei sich das Spanking, das sogenannte Tapping Play und das Nipple Play bei den meisten Liebhabern als besonders spannende Aspekte herauskristallisiert haben.

Spanking

Mit dem Begriff Spanking wird das Hauen bzw. Schlagen auf das entblößte oder bekleidete Gesäß mit der flachen Hand oder einem Gegenstand, zum Beispiel mit einer Peitsche oder einer Rute, bezeichnet. Diese Praktik erzeugt eine Art Machtgefälle zwischen den Beteiligten. Während ein Partner eine dominante Rolle einnimmt, nimmt der andere Partner eine devote Position ein und empfindet idealerweise einen sogenannten Lustschmerz, der dem sexuellen Erlebnis eine zusätzliche Intensität verschafft.

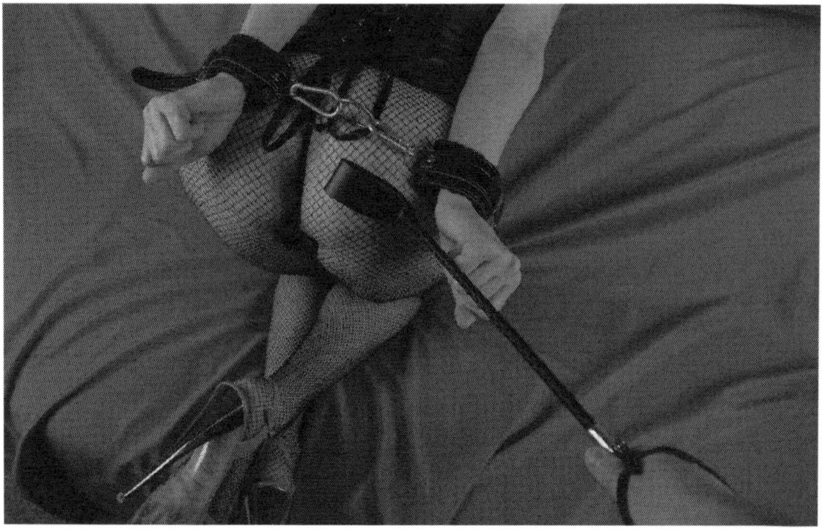

Während einer Bondage- oder Shibari-Session ist erotisches Spanking ein beliebtes und vielseitiges Element in der BDSM-Dynamik, das für die Partner eine aufregende Ergänzung und Abwechslung sein kann. Das Spanking lässt sich mühelos als Teil des Bondage integrieren, indem der Top den gefesselten Bottom mit einem Schlag bestraft oder ihn sogar belohnt. Dabei ist es wichtig, dass der Top behutsam startet und mit leichten Schlägen beginnt, während er die Reaktionen des Bottoms aufmerksam beobachtet. Die Intensität kann dann langsam gesteigert werden, wobei stets auf die Signale und Grenzen des Bottoms geachtet werden sollte.

Tapping Play

Als Alternative zum Spanking kann auch das sogenannte Tapping Play als BDSM-Element in die Session eingebunden werden. Das Tapping Play ist eine sanftere Technik, bei der der Aktive mit seinen Fingern, einem Federstab oder einem anderen leichten Objekt über den gefesselten Körper des Passiven streicht bzw. diesen berührt, anstatt direkt intensives Spanking zu nutzen.

Genau wie beim Spanking sollten die Partner auch beim Tapping Play über die Gefühle und Empfindungen des unterworfenen Partners während der Ausführung sprechen und sowohl die Intensität als auch die Muster des Tapping dementsprechend anpassen.

Nipple Play

Beim sogenannten Nipple Play werden Bondage-Techniken genutzt, um die Brustwarzen des Unterworfenen zu fesseln. Hierfür kann der dominierende Partner zum Beispiel Seile oder spezielle Brustwarzenklammern nutzen, um die Brustwarzen des Subs durch sanftes Drehen, Ziehen oder Klopfen sensorisch zu stimulieren. Die Rückmeldung des Bottoms ist auch während des Nipple Play wichtig, sodass der Top die Stimulation entsprechend des Feedbacks des Bottoms anpassen kann. Die Integration von BDSM-Elementen in das persönliche Bondage- oder Shibari-Erlebnis setzt immer Kommunikation, Sensibilität, Vertrauen und Respekt gegenüber den Wünschen, Vorlieben und Grenzen aller Beteiligten voraus. Jede einzelne Session, ganz gleich, ob mit oder ohne BDSM-Elemente, muss auf Einvernehmen, Wohlbefinden und Sicherheit aller basieren, da nur dann eine positive und bereichernde Erfahrung gewährleistet werden kann. Die Bereitschaft, nach einer Session zu reflektieren und kontinuierlich zu lernen, trägt außerdem dazu bei, dass die Erlebnisse und Erfahrungen die beteiligten Personen dazu inspirieren können, neue Techniken, Positionen und Hilfsmittel auszuprobieren.

Bonus: Die 30-Tage-Shibari-Challenge

EINFÜHRUNG IN DIE CHALLENGE

Herzlich willkommen zur 30-Tage-Shibari-Challenge, die Sie auf Ihrer Reise durch dieses Buch begleitet und Ihnen die Möglichkeit eröffnet, tief in die Welt des Shibari und Bondage einzutauchen, die theoretischen Grundlagen, Techniken und Anleitungen der einzelnen Kapitel zu verinnerlichen sowie diese in der Praxis umzusetzen. Die Challenge unterstützt Sie dabei, Ihre Fähigkeiten im Laufe der Zeit zu verbessern und Ihren individuellen Fesselstil zu entwickeln. Im Zuge dessen ermutigt und inspiriert Sie die 30-tägige Challenge dazu, offen gegenüber Neuem zu sein und sich neuen Herausforderungen zu stellen. Idealerweise führen Sie die Challenge parallel zum Lesen des Buches durch und steigen dabei in die Challenge ein, nachdem Sie sich auf den ersten Seiten bereits ein wenig ins Thema eingelesen und sich mit der Geschichte und den Grundlagen des Shibari und Bondage beschäftigt haben. In den ersten sieben Tagen zielt die Challenge zunächst darauf ab, Ihnen die Grundlagen des Shibari und Bondage näherzubringen und diese zu vertiefen, wobei Ihnen die wichtigsten Knoten, Techniken und Fesselpositionen für Beginner aufgezeigt werden.

In der zweiten Woche widmen Sie sich mit der Hilfe des vorliegenden Buches und der Challenge dann fortgeschrittenen Fesseltechniken, durch die Sie neue Knoten und Variationen kennenlernen bzw. üben können. Zur selben Zeit versucht die Challenge, Sie dazu zu inspirieren, sich an neuen, herausfordernden Positionen zu versuchen, um neue Erfahrungen zu sammeln.

Der Zeitraum vom 15. bis zum 21. Tag steht dann ganz im Zeichen der Kreativität und des Ausdrucks im Shibari und lädt Sie dazu ein, die Ästhetik des Shibari zu erkunden, Fesselungen als künstlerischen Ausdruck zu nutzen, Ihren persönlichen Fesselstil zu entwickeln und diesen zu verfeinern.

Bevor das Buch Sie dann dazu ermutigt, sich an neue Herausforderungen und Experimente zu wagen, verschiedene Materialien und Requisiten auszuprobieren, sich an einem Partnerwechsel und gemeinsamen Erfahrungen zu versuchen und die Integration von BDSM-Elementen auszuprobieren, präsentiert es Ihnen am 22. Tag dieser Challenge zunächst eine Anleitung für eine intime Shibari-Erfahrung mit Ihrem Partner.

Der vorletzte Tag der Challenge lädt Sie dann abschließend dazu ein, auf Ihre bisherigen Erfahrungen in der Challenge zurückzublicken und Ihre persönliche Entwicklung zu reflektieren. Außerdem sollen Sie dazu ermutigt werden, Ihre neuen Kenntnisse und Fertigkeiten auch in Zukunft zu festigen und weiterzuentwickeln.

Die Challenge schließt dann am 30. Tag mit einem Ausblick ab und präsentiert Ihnen darüber hinaus noch weitere Ressourcen und Weiterbildungsmöglichkeiten für die Zukunft.

TAG 1 BIS 7: GRUNDLAGEN DES SHIBARI WIEDERHOLEN UND VERTIEFEN

Die erste Woche der 30-Tage-Challenge legt den Grundstein der schrittweisen Einführung in die Welt des Shibari und Bondage. Nachdem Sie sich in die Thematik eingelesen und idealerweise die Inhalte der ersten drei Hauptkapitel verinnerlicht haben, steigt die Challenge an dieser Stelle mit den ersten praktischen Umsetzungen ein. Sie ermutigt Sie dazu, die essentiellen Grundlagen des Shibari und Bondage zu wiederholen und zu vertiefen sowie die ersten praktischen Erfahrungen mit einfachen Knoten, Techniken und Fesselpositionen zu sammeln. Bleiben Sie neugierig und offen für all das, was noch kommt.

Tag 1

Im zweiten Hauptkapitel dieses Buches haben Sie bereits die theoretischen Herangehensweisen an grundlegende Knoten und Techniken kennengelernt, die Sie nun in der ersten Woche der Challenge in der Praxis anwenden sollen.

Versuchen Sie sich an Ihren ersten eigenen Fesselungen und probieren Sie dafür zunächst den Kreuzknoten, die Kopfschlinge, die Lauföse und das Lasso aus. Die entsprechenden Anleitungen hierfür finden Sie im Unterkapitel „Grundlegende Knoten und Techniken". Achten Sie während des Übens darauf, die Fesselungen so gleichmäßig und präzise wie möglich auszuführen.

Übungsaufgaben für Tag 1:

- Binden des Kreuzknotens
- Binden der Kopfschlinge
- Binden der Lauföse
- Binden des Lassos

Tag 2

Nutzen Sie den zweiten Tag der Challenge dazu, alle vier Knotentechniken zu wiederholen und zu perfektionieren, um ihre Durchführung zu verinnerlichen und die Ausführung zu festigen. Grundlegende Knoten und Techniken sind für eine positive, bereichernde und sichere Session unerlässlich und müssen von Ihnen deshalb perfekt beherrscht werden.

Versuchen Sie sich außerdem einmal daran, die bisher erlernten Knoten blind zu knüpfen und dadurch zusätzlich Ihre Genauigkeit und Geschicklichkeit zu schulen. Experimentieren Sie außerdem mit unterschiedlichen Seilarten, Seillängen und Seildicken, um ein Gefühl für ihre Eigenschaften zu bekommen und zu lernen, wie sich die Knoten bei unterschiedlichen Seilen anfühlen und wie sie sich auf die jeweiligen Partien des Körpers auswirken. Gerne können Sie sich zudem daran versuchen, Knoten an Gegenständen, wie Stühlen oder Bettpfosten, zu knüpfen, um Ihr Fingerspitzengefühl zu verbessern und Ihre Technik zu verfeinern. Fesseln Sie sich darüber hinaus auch selbst einmal die Hände und Füße, um ein besseres Verständnis für die menschliche Anatomie und die Auswirkungen der Fesselungen auf den Körper zu bekommen.

Übungsaufgaben für Tag 2:

- Wiederholung der vier Knotentechniken von Tag 1
- Knotentechniken von Tag 1 blind knüpfen
- mit unterschiedlichen Seilarten, Seillängen und Seildicken experimentieren
- Knüpfung von Knoten an Gegenständen
- Selbstfesselung der Hände und Füße

Tag 3

Die ersten zwei Tage der Challenge haben Sie dabei unterstützt, grundlegende Knoten zu erlernen und diese zu perfektionieren. Nun sind Sie bereit, sich den einfachen Fesselungen zu widmen. Üben Sie dabei zunächst die einfache Handfessel, die einfache Fußfessel und die Fesselung von Armen und Händen. Die entsprechenden Anleitungen hierfür finden Sie im Kapitel „Einfache direkte Fesselungen".

Übungsaufgaben für Tag 3:

- Binden der einfachen Handfessel
- Binden der einfachen Fußfessel
- Binden der Fesselung von Armen und Händen

Tag 4

Beginnen Sie den vierten Tag der Challenge damit, die Fesselungen, die Sie am Vortag gelernt haben, zu wiederholen und zu vertiefen. Führen Sie die Techniken dabei so präzise wie möglich aus und üben Sie so lange, bis Sie die Fesselungen sauber ausführen können.

Im Anschluss warten dann die Spezial- oder Kunstknoten auf Sie, die Ihnen einen kleinen und spannenden Ausblick auf die Möglichkeiten bieten, die in Zukunft auf Sie warten. Die Anleitungen für diese Fesselungen finden Sie im Kapitel „Spezial- oder Kunstknoten".

Übungsaufgaben für Tag 4:

- Wiederholung der drei einfachen Fesselungen von Tag 3
- Binden des Handschellenknotens und des Knebels

Tag 5

In den ersten vier Tagen der Challenge haben Sie die grundlegenden Knoten und einfache Fesselungen kennengelernt und perfektioniert, sodass Sie nun bestens darauf vorbereitet sind, sich an einigen einfachen Fesselpositionen, die sich ideal für den Einstieg in die Fesselkunst eignen, zu üben. Widmen Sie sich dafür zunächst den verschiedenen Variationen der Handgelenksfesselung sowie der Fußgelenksfesselung, deren Anleitungen Sie im Kapitel „Einfache Anfänger-Positionen" finden.

Übungsaufgaben für Tag 5:

- Binden der Handgelenksfesselung vor dem Körper mit Händen in Gebetshaltung
- Binden der Handgelenksfesselung auf dem Rücken mit gekreuzten Handgelenken
- Binden der Handgelenksketten
- Binden der parallelen Fußgelenksfesselung
- Binden der Fußgelenksfesselung mit der Kopfschlingentechnik

Tag 6

Beginnen Sie den sechsten Tag der Challenge damit, die Variationen der Handgelenksfesselung und der Fußgelenksfesselung zu wiederholen, bevor Sie sich der Kniefesselung und den Fesselungen im Sitzen und Liegen widmen, die Sie in demselben Kapitel finden. Die Anleitungen helfen Ihnen auch an dieser Stelle wieder, die Positionen Schritt für Schritt nachzuvollziehen und somit ein Verständnis für die benötigten Knoten und die korrekte Ausführung zu bekommen.

Übungsaufgaben für Tag 6:

- Binden der Kniefesselung mit der Kopfschlingentechnik
- Binden der liegenden Fesselung der Hände an die Oberschenkel
- Binden der Fesselung in Sitzhaltung

Tag 7

Beenden Sie die erste Woche der Challenge damit, alle erlernten Knoten und Fesselungen zu wiederholen und die Techniken der jeweiligen Ausführungen zu perfektionieren.

Übungsaufgaben für Tag 7:

Wiederholung aller Knoten und Fesselungen aus Woche 1

TAG 8 BIS 14: FORTGESCHRITTENE FESSELTECHNIKEN ERLEBEN

An den Tagen 8 bis 14 der Challenge tauchen Sie tiefer in die Welt des Shibari und Bondage ein, lernen dabei fortgeschrittene Fesseltechniken kennen und erkunden neue Knoten, Variationen sowie die faszinierende und komplexe Kunst der Suspension, sodass Sie Ihre Fähigkeiten und Erfahrungen auf ein ganz neues Niveau anheben können.

Tag 8

Beginnen Sie die zweite Woche der Challenge damit, sich an neue Variationen von Fesseltechniken sowie herausfordernde Positionen zu wagen, mit denen Sie Ihr Repertoire erweitern und mehr Erfahrung sammeln können. Versuchen Sie sich dafür zunächst am Schultergeschirr sowie am Brustgeschirr, deren Anleitungen Sie im Kapitel „Fortgeschrittene Positionen" des vierten Hauptkapitels finden können.

Bevor Sie mit der Fesselung des Brustgeschirrs beginnen, sollten Sie erst einmal die Brust des Bottoms untersuchen, um entweder festzustellen, dass Modifikationen während der Fesselung nötig sind, oder um diese auszuschließen. Wiederholen Sie die Fesselungen mehrere Male, um die Ausführung zu verinnerlichen.

Übungsaufgaben für Tag 8:

- Binden des Schultergeschirrs
- Binden des Brustgeschirrs

Tag 9

Nachdem Sie sich am vorherigen Tag dem Binden des Schulter- und Brustgeschirrs gewidmet haben, versuchen Sie sich am zweiten Tag der zweiten Woche zunächst am Binden des Hogtie. Anschließend können Sie sich dann, durch den Einsatz von Bondagestangen (ebenfalls Kapitel „Fortgeschrittene Positionen"), kreativ ausleben und Ihrer Fantasie freien Lauf lassen.

Um die Vielseitigkeit der Fesseltechniken zu erleben, werden Sie an dieser Stelle außerdem dazu eingeladen, unterschiedliches Bondage-Equipment, dem sich im zweiten Hauptkapitel („Grundlagen des Bondage") gewidmet wird, hinzugeben. Kombinieren Sie dabei gerne auch den Einsatz von Bondagestangen mit verschiedenen Fesselungen und unterschiedlichen Materialien und Utensilien. Hierbei können Sie gerne auf die Fesselungen der ersten Woche zurückgreifen und diese im Zuge dessen wiederholen.

Übungsaufgaben für Tag 9:

- Binden des Hogtie
- Einsatz von Bondagestangen
- Verwendung von unterschiedlichem Bondage-Equipment
- gegebenenfalls Wiederholung der Techniken aus Woche 1

Tag 10

Am zehnten Tag der Challenge wiederholen Sie die erlernten Fesselungen der vorherigen zwei Tage und binden das Schultergeschirr, das Brustgeschirr und den Hogtie mehrfach.

Übungsaufgaben für Tag 10:

Wiederholung des Brustgeschirrs, des Schultergeschirrs und des Hogtie

Tag 11

Tag 11 der Challenge lädt Sie dazu ein, sich an einer Ganzkörperbondage zu versuchen. Die passende Anleitung dazu finden Sie im Kapitel „Fortgeschrittene Positionen".

Übungsaufgaben für Tag 11:

Binden der Ganzkörperbondage

Tag 12

Wiederholen Sie an Tag 12 der Challenge die in dieser Woche bereits erlernten Techniken, um ihre Herangehensweise zu vertiefen und ihre Ausführung zu perfektionieren. Versuchen Sie dabei, die Bindungen immer so präzise und genau wie möglich auszuführen. Experimentieren Sie außerdem erneut mit dem Einsatz von Bondagestangen und probieren Sie im Zuge dessen unterschiedliche Materialien und Techniken der ersten Woche aus.

Die bis zu diesem Zeitpunkt erlernten fortgeschrittenen Techniken zeigen Ihnen neue Dimensionen und Perspektiven der Fesselkunst auf und inspirieren Sie dazu, sich an neuen Techniken auszuprobieren und verschiedene Materialien beim Fesseln zu nutzen.

Übungsaufgaben für Tag 12:

- Wiederholung des Schultergeschirrs, des Brustgeschirrs, des Hogtie und der Ganzkörperbondage
- mit dem Einsatz von Bondagestangen experimentieren
- Verwendung von unterschiedlichem Bondage-Equipment
- Wiederholung der Techniken aus Woche 1

Tag 13

Um Ihr Repertoire an fortgeschrittenen Positionen und Fesseltechniken abzurunden, werden Sie an Tag 13 der Challenge dazu ermutigt, sich in eine sehr komplexe und anspruchsvolle Form des Fesselns, die Suspension, einzulesen. Diese Hängebondage-Technik eignet sich ausschließlich für wirklich fortgeschrittene Bondage-Liebhaber. Das Kapitel „Suspension und Luft-Bondage" führt Sie dabei in die grundlegenden Sicherheitsaspekte sowie die Vorbereitung und die Nachsorge ein und präsentiert Ihnen zwei Variationen des Hängebondage, mit denen Sie die faszinierende Kunst des Schwebens selbst erleben können.

Wenn Sie sich ausreichend vorbereitet und bereit dafür fühlen, sich an die Suspension heranzuwagen, können Sie diese gerne ausprobieren. Falls Sie noch keine entsprechenden Hängevorrichtungen zur Verfügung haben, lesen Sie sich zunächst einmal ins Thema ein und bringen die entsprechenden Vorrichtungen an. Die Suspension selbst können Sie dann zu einem späteren Zeitpunkt nachholen.

Übungsaufgaben für Tag 13:

- Einlesen in das Thema des Hängebondage
- Durchführung der Suspension
- alternativ: Anschaffung der Hängevorrichtungen

Tag 14

Der letzte Tag der zweiten Woche eignet sich ideal, um die Techniken und Positionen, die Sie in dieser Woche erlernt und die Sie dabei am meisten angesprochen haben bzw. die Sie am interessantesten fanden und deshalb vertiefen möchten, zu wiederholen.

Übungsaufgaben für Tag 14:

Wiederholung der Lieblingstechniken und -positionen dieser Woche

TAG 15 BIS 21: KREATIVITÄT UND AUSDRUCK IM SHIBARI ENTDECKEN

An den Tagen 15 bis 21 der Challenge werden Sie dazu ermutigt, die Ästhetik des Shibari zu erkunden, Ihre Fesselungen als künstlerischen Ausdruck zu nutzen und Ihren persönlichen Fesselstil zu entwickeln und diesen auch zu verfeinern. Sehen Sie diese dritte Woche der Challenge als Raum für kreative Entfaltung und ästhetische Erforschung, die Sie dazu nutzen sollten, über Ihre künstlerischen Grenzen hinauszugehen und Ihre ganz persönliche Vision der Fesselkunst zu entwickeln.

Tag 15

Beginnen Sie den ersten Tag der dritten Woche damit, in die Kunst des Shibari einzutauchen. Eignen Sie sich dafür zunächst Grundlagenwissen über die Körperhaltung und den ästhetischen Ausdruck während der Fesselkunst an. Die entsprechenden Informationen finden Sie in den dazugehörigen Unterkapiteln „Die Bedeutung von Körperhaltung und Ausdruck“ und „Bondage als ästhetischer Ausdruck“ des vierten Hauptkapitels.

Übungsaufgaben für Tag 15:

Lesen der Kapitel „Die Bedeutung von Körperhaltung und Ausdruck“ und „Bondage als ästhetischer Ausdruck“

Tag 16

An Tag 16 liegt der Fokus erneut auf der Aneignung von Grundlagenwissen zum Ausdruck und der Kreativität im Bondage sowie der ästhetischen und visuellen Wirkung des Shibari. Die entsprechenden Begleittexte zur Challenge finden Sie dabei im Kapitel „Die Kunst des Shibari".

Übungsaufgaben für Tag 16:

Aneignung von Wissen über Ausdruck und Kreativität im Bondage sowie über die ästhetische und visuelle Wirkung des Shibari

Tag 17

Tag 17 der Challenge lädt Sie dazu ein, tiefer in die Ästhetik des Shibari einzutauchen und neue Wege zu finden, um die ansprechende Fesselkunst als Ihr ganz persönliches Ausdrucksmittel nutzen zu können. Begeben Sie sich dafür an Tag 17 auf die Suche nach der Schönheit der Formen, Kurven, Muster und Linien, die sich durch die Fesselungen auf der Haut ergeben. Experimentieren Sie mit unterschiedlichen Seiltechniken, Positionen, Perspektiven, Farben, Texturen und Requisiten und lernen Sie, wie Sie diese in Ihre eigene Fesselkunst integrieren können, um nicht nur Ihren ganz individuellen Fesselstil zu entwickeln, mit dem Sie Ihre Leidenschaft zum Ausdruck bringen können, sondern auch, um Ihren Fesselungen mehr Aussagekraft und Ausdrucksstärke zu verleihen.

Übungsaufgaben für Tag 17:

Praktische Anwendung des Hintergrundwissens zur Kreativität und dem Ausdruck im Shibari durch Experimentieren mit verschiedenen Seiltechniken, Positionen, Perspektiven, Farben, Texturen und Requisiten

Tag 18

Nachdem Sie sich am vorherigen Tag dem Experimentieren gewidmet und ausprobiert haben, was Sie am meisten anspricht, ist es nun an der Zeit, Ihre Kreativität auch in Ihren Fesselungen zum Ausdruck zu bringen. Suchen Sie sich dafür die Knoten, Techniken und Fesselungen der ersten beiden Wochen aus, die Ihnen am meisten gefallen haben und die für Sie am interessantesten waren, und kombinieren Sie diese nun mit unterschiedlichen Seiltechniken, Positionen, Perspektiven, Farben, Texturen und Requisiten. Versuchen Sie, herauszufinden, was Ihnen am meisten gefällt. Betrachten Sie die Seile, Riemen und Co. dabei als Medien, mit denen Sie Ihre künstlerische Botschaft, in Form Ihres individuellen Fesselstils, übermitteln können. Konzentrieren Sie sich vollkommen auf Ihren künstlerischen Ausdruck und lassen Sie Ihrer Kreativität dabei freien Lauf.

Übungsaufgaben für Tag 18:

Kombination von Techniken, Knoten und Fesselungen mit unterschiedlichen Materialien, Perspektiven, Farben, Texturen und Requisiten zum Ausdruck der eignen Kreativität und zur Entwicklung des individuellen Fesselstils

Tag 19

Widmen Sie auch den 19. Tag der Challenge dem Experimentieren und nehmen Sie sich ausreichend Zeit, um herauszufinden, was Sie und Ihren Partner am meisten anspricht und mit welchen Techniken, Positionen und Materialien Sie sich am wohlsten fühlen.

Übungsaufgaben für Tag 19:

Experimentieren mit Materialien, Techniken, Positionen und Co.

Tag 20

Ein grundlegender Bestandteil jeder Bondage- und Shibari-Session ist immer auch die Gestaltung der richtigen Atmosphäre, die nicht nur einen großen Beitrag zum allgemeinen Wohlbefinden leistet, sondern auch die visuelle und ästhetische Wirkung einer Szene unterstützen kann. Außerdem kann die Gestaltung der Atmosphäre Ausdrucksmittel der eigenen Kreativität sein. Nutzen Sie den 20. Tag der Challenge deshalb, um sich zum Thema „Gestaltung der richtigen Atmosphäre“ im gleichnamigen Unterkapitel einzulesen. Machen Sie sich im Zuge dessen Gedanken darüber, wie Sie Ihre zukünftigen Sessions gestalten möchten.

Übungsaufgaben für Tag 20:

- Aneignung von Wissen über die Gestaltung der richtigen Atmosphäre
- Planung der Atmosphäre zukünftiger Sessions

Tag 21

Genau wie in den beiden vorangegangenen Wochen eignet sich auch der letzte Tag der dritten Woche zur Wiederholung der erlernten Inhalte und zur Reflexion dessen, welche Aspekte Ihnen am meisten zusagen.

Übungsaufgaben für Tag 21:

Wiederholung und Reflexion der erlernten Inhalte

Tag 22

Nachdem Sie Ihren persönlichen Fesselstil in der dritten Woche der Challenge entwickelt und verfeinert haben, nutzen Sie den 22. Tag der Challenge dazu, Ihrem Partner eine besondere Session zu präsentieren, in der Sie Ihren Fesselstil kreativ und ästhetisch zum Ausdruck bringen.

Planen Sie für diese intime Shibari-Erfahrung eine ganz persönliche Session, bei der Sie mit Ihrem Partner im Vorfeld über Ihre Wünsche, Erwartungen und Grenzen sprechen. Gehen Sie sicher, dass Sie sich beide darüber bewusst sind, was während der Session geschehen soll und was nicht. Im Zuge dessen sollten Sie sowohl die emotionale als auch die physische Vorbereitung berücksichtigen (Kapitel „Vorbereitung“) und sich darüber hinaus überlegen, welche Materialien und Utensilien Sie nutzen möchten (Kapitel „Auswahl des richtigen Equipments und Materials“). Arbeiten Sie im Vorfeld außerdem gemeinsam an Ihrer emotionalen Bindung und verbessern Sie Ihr Vertrauen zueinander – zum Beispiel durch kurze Fesselspiele (Kapitel „Bondage als Teil des Vorspiels und der Intimität“).

Weiterhin sollten Sie sich im Rahmen der Vorbereitung in jedem Fall noch einmal gemeinsam mit Ihrem Partner die Sicherheitsaspekte einer jeden Handlung ins Gedächtnis rufen, Sicherheitscodes und -signale festlegen (Kapitel „Sicherheit und Einvernehmlichkeit“ und „Sicherheit und Risikomanagement“), einen Notfallplan erstellen und über ausreichend Erste-Hilfe-Kenntnisse verfügen (Kapitel „Erste Hilfe und Notfallplanung“).

Machen Sie sich Gedanken darüber, wo die Session stattfinden soll, und schaffen Sie eine angenehme und sinnliche Atmosphäre, die zum Wohlfühlen einlädt. Bereiten Sie den Raum so vor, dass während des Aktes keine Gefahren entstehen können (Kapitel „Gestaltung der richtigen Atmosphäre“).

Wenn Sie die Session sorgfältig geplant haben, steht einer positiven Erfahrung nichts mehr im Wege. Die Session können und sollen Sie natürlich nach Ihren individuellen Vorstellungen gestalten. Zeigen Sie Ihrem Partner Ihren individuellen Fesselstil und probieren Sie neue Techniken und Positionen experimentierfreudig aus. Verbinden Sie Ihre Fesselungen dabei mit körperlicher Nähe, um die Intimität und die Verbindung zwischen Ihnen und Ihrem Partner zu vertiefen.

Erlauben Sie sich, sich während des Aktes gegenseitig Ihre Emotionen zu zeigen und diese auch miteinander zu teilen. Vergessen Sie nach der Session nicht, sich ausreichend Zeit für die Aftercare zu nehmen (Kapitel „Aftercare – Die Bedeutung der Nachsorge"). Reflektieren Sie die Session gemeinsam, teilen Sie Ihre Erfahrungen miteinander und besprechen Sie die Dinge, die gut liefen, und die Dinge, die Sie in zukünftigen Szenen verbessern können.

Auf Grundlage Ihrer Erfahrungen können Sie dann gemeinsam neue Pläne für die Zukunft schmieden, neue Aspekte des Shibari und Bondage erkunden und Ihre Bindung weiter vertiefen.

Übungsaufgaben für Tag 22:

- Planung und Durchführung einer intimen Session mit Ihrem Partner
- gemeinsame Reflexion der Erfahrung
- Planung zukünftiger Sessions

TAG 23 BIS 28: HERAUSFORDERUNGEN UND EXPERIMENTE

Die Tage 23 bis 28 sollen Sie dazu ermutigen, sich Herausforderungen und Experimenten zu stellen und neue Dinge auszuprobieren. Lassen Sie sich nicht nur von der Komplexität und der Schönheit der Fesselkunst inspirieren, sondern auch von ihren unzähligen Möglichkeiten und Perspektiven begeistern.

Tag 23

Nachdem Sie eine komplette intime Session mit Ihrem Partner erlebt und Ihrer Kreativität dabei, durch Ihren eigenen Fesselstil, Ausdruck verleihen konnten, ist es nun an der Zeit, einen Exkurs in das Gruppen-Bondage und den Partnerwechsel zu unternehmen. Beginnen Sie Tag 23 damit, sich Hintergrundwissen zum Gruppen-Bondage und dem Partnerwechsel anzueignen. Die entsprechenden Informationen finden Sie in dem dazugehörigen Unterkapitel „Partnerwechsel und Gruppen-Bondage“.

Übungsaufgaben für Tag 23:

Lesen des Unterkapitels „Partnerwechsel und Gruppen-Bondage“

Tag 24

Nutzen Sie Tag 24 der Challenge dafür, ein offenes und ehrliches Gespräch mit Ihrem Partner über die Themen Gruppen-Bondage und Partnerwechsel zu suchen. Gruppen-Bondage und Partnerwechsel sind definitiv Spezialthemen der Fesselkunst, die sich vor allem für erfahrene Praktizierende eignen und nicht bei jedem Bondage-Enthusiasten auf Begeisterung stoßen. Sie können zwar spannende Einblicke in die Welt des Shibari und Bondage liefern, müssen aber in jedem Fall mit dem Partner besprochen werden und auf Einvernehmlichkeit beruhen.

Übungsaufgaben für Tag 24:

- offenes und ehrliches Gespräch über Gruppen-Bondage und Partnerwechsel mit Ihrem Partner

Tag 25

Sollten Sie sich gemeinsam mit Ihrem Partner für einen Partnerwechsel oder ein Gruppen-Bondage entschieden haben, nutzen Sie den heutigen Tag dazu, um entsprechende Vorbereitungen zu treffen.

Übungsaufgaben für Tag 25:

- Planung des Partnerwechsels und des Gruppen-Bondage

Tag 26

An Tag 26 der Challenge werden Sie dazu ermutigt, sich für die Integration von BDSM-Elementen sowie von Dominanz- und Unterwerfungsspielen zu öffnen. Lesen Sie sich dafür im Unterkapitel „Integration von BDSM-Elementen im Bondage“ zunächst in die Thematik ein und besprechen Sie diese Idee im Anschluss wieder mit Ihrem Partner.

Übungsaufgaben für Tag 26:

- Lesen des Unterkapitels „Integration von BDSM-Elementen im Bondage“
- offenes und ehrliches Gespräch über die Integration von BDSM-Elementen mit Ihrem Partner

Tag 27

Der 27. Tag der Challenge ist ein guter Zeitpunkt, um mit verschiedenen Materialien und Requisiten (Kapitel „Auswahl des richtigen Equipments und Materials“) zu experimentieren und neue Dinge auszuprobieren – insbesondere dann, wenn Sie sich gemeinsam mit Ihrem Partner dazu entschieden haben, BDSM-Elemente in Ihre Sessions zu integrieren.

Übungsaufgaben für Tag 27:

- mit verschiedenen Materialien und Requisiten experimentieren
- Integration von BDSM-Elementen in Sessions

Tag 28

Tag 28 steht ganz im Zeichen der Wiederholung und ist eine Einladung dazu, alle Techniken, Knoten und Positionen, die Sie in den vergangenen Tagen der Challenge kennengelernt haben, zu wiederholen und ihre jeweiligen Ausführungen zu perfektionieren. Nehmen Sie sich für jede einzelne Durchführung ausreichend Zeit, um diese präzise und genau auszuführen. Suchen Sie sich im Anschluss Ihre Lieblingstechniken heraus und üben Sie diese mit unterschiedlichen Materialien. Wenn Sie möchten, können Sie heute auch noch einmal eine intime Session mit Ihrem Partner durchführen, um Ihre bislang erlernten Kenntnisse und Fähigkeiten noch tiefer zu festigen. Versuchen Sie dabei, alle Aspekte, die Sie in den letzten Tagen gelernt haben und die für eine sichere und positive Erfahrung unerlässlich sind, zu berücksichtigen.

Übungsaufgaben für Tag 28:

- Wiederholung der bislang erlernten Kenntnisse und Fähigkeiten
- gegebenenfalls Durchführung intimer Session

TAG 29: REFLEXION UND FORTSCHRITT

Tag 29

Am 29. Tag dieser Shibari-Challenge lädt Sie das Buch dazu ein, einen Blick auf Ihre bisherigen Erfahrungen in der Challenge zu werfen und Ihre persönliche Entwicklung sowie Ihre Lernerfahrungen zu reflektieren. Der 29. Tag bietet Ihnen dabei die großartige Möglichkeit, Ihren Fortschritt der letzten Tage zu würdigen und durch die Reflexion Ihrer Lernerfahrungen Ihre zukünftigen Ziele zu definieren. Durchlaufen Sie dafür am besten die unterschiedlichen Phasen dieser Challenge und erinnern Sie sich dabei an all die Techniken, Knoten und Positionen, die Sie gelernt haben. Wenn Sie möchten, können Sie Ihre Gedanken und Erfahrungen natürlich auch niederschreiben – idealerweise starten Sie damit bereits zu Beginn der Challenge, sodass Sie Ihre eigene Lernkurve überprüfen und nachvollziehen können.

Denken Sie im Zuge dessen darüber nach, wie sich Ihre Kenntnisse, Ihr Wissen und Ihr Verständnis für Shibari und Bondage im Laufe der Challenge entwickelt und welche Fähigkeiten Sie dazugewonnen haben. Beziehen Sie dabei immer auch die emotionale Seite ein und reflektieren Sie, inwiefern sich Ihre Einstellung zur Fesselkunst verändert hat. Haben Sie vielleicht neue Erkenntnisse über sich, Ihren Partner oder Ihre gemeinsame Beziehung gewonnen? In welchen Bereichen liegen Ihre Stärken? Wo haben Sie sich besonders verbessert und in welchen Bereichen möchten Sie sich noch weiterentwickeln?

Nachdem Sie Ihre persönliche Entwicklung und Ihre bisherigen Erfahrungen reflektiert haben, ist es wichtig, das Gelernte auch zu festigen. Üben und wiederholen Sie dafür die Techniken, Knoten und Positionen, die Ihnen am besten gefallen haben und die Sie am interessantesten fanden. Perfektionieren Sie Ihre Knotenfertigkeiten und Ihren individuellen Fesselstil und nutzen Sie diesen Tag der Selbstreflexion, um Ihre Reise in die Welt des Shibari und Bondage bewusst fortzusetzen.

Übungsaufgaben für Tag 29:

- Reflexion der erlernten Fähigkeiten und Kenntnisse
- Anerkennung des eigenen Fortschritts
- Reflexion der Veränderung des eigenen Wissens, des Verständnisses und der Einstellung im Laufe der Challenge
- Reflexion der eigenen Stärken und Schwächen
- Wiederholung von Techniken, Knoten und Positionen

TAG 30: ABSCHLUSS UND AUSBLICK

Herzlichen Glückwunsch! Sie haben die 30-Tage-Shibari-Challenge erfolgreich gemeistert und sich in den letzten Tagen eine Bandbreite an Wissen, Kenntnissen und Erfahrungen angeeignet. Dieser 30. Tag markiert lediglich das Ende dieser Challenge, jedoch nicht das Ende Ihrer intensiven Reise durch das Universum der Fesselkünste. Die Techniken, Knoten und Positionen, die Sie im Zuge dieser Challenge erlernt haben, die Kreativität, die Sie dabei neu entdeckt haben, und die Leidenschaft, die in Ihnen herangewachsen ist, sind einzigartige und wertvolle Schätze, die Sie auf Ihrem weiteren Shibari- und Bondage-Abenteuer begleiten werden.

Der Abschluss dieser Challenge ist der Beginn eines fortwährenden Lernprozesses, bei dem Sie neue Herausforderungen erwarten und weitere Knoten, Techniken und Positionen von Ihnen entdeckt werden wollen. Die Fesselkunst ist eine kontinuierliche Entwicklung, deren Wege zur kreativen Entfaltung grenzenlos sind. Betrachten Sie diesen Abschluss der Challenge als eine Art Sprungbrett für die nächsten Schritte auf Ihrem Weg des Lernens und Entdeckens.

Um noch tiefer in die Welt des Shibari und Bondage eintauchen zu können, sollten Sie die zahlreichen unterschiedlichen Ressourcen und Weiterbildungsmöglichkeiten, die auf Sie warten, für Ihre persönliche Entwicklung nutzen. Workshops, Seminare und Online-Kurse bieten sich auf der einen Seite hervorragend dafür an, Ihr Wissen zu vertiefen und neue Fertigkeiten zu erlernen. Auf der anderen Seite sind Bücher und Foren mit Shibari- und Bondage-Communitys weitere nützliche Quellen, durch die Sie von Gleichgesinnten lernen und mit denen Sie Ihre Erfahrungen austauschen können.

Feiern Sie diesen letzten Tag als bedeutenden Meilenstein Ihrer Reise, seien Sie stolz auf Ihre Neugierde, Hingabe und Leidenschaft und seien Sie gespannt auf all die Erlebnisse und Erfahrungen, die in Zukunft noch auf Sie warten.

Bindungen, die bleiben

Shibari und Bondage sind außergewöhnliche Kunstformen der körperlichen Hingabe und des kreativen Ausdrucks, die sich mit dem ästhetischen und kunstvollen Fesseln des Körpers befassen. Dabei gehen sie weit über die herkömmlichen Vorstellungen von Erotik, Intimität und Sexualität hinaus und vereinigen Hingabe, Vertrauen, Dominanz und kunstvolle Fesselungen auf eine einzigartige und eindrucksvolle Art und Weise miteinander. Dieses Buch hat Sie auf eine Reise in die faszinierende Welt des Shibari und Bondage mitgenommen, auf der Sie in die Tiefen der Fesselkunst, die weit über rein physische Bindungen hinausgehen, eingetaucht sind. Das Buch war eine Erkundungsreise, die die unzähligen Dimensionen, die Vielfalt und die Schönheit der Fesselkunst in all ihren Facetten aufgezeigt hat – von den musischen Knoten bis hin zu tiefen emotionalen Verbindungen, von der Ästhetik der visuellen Wirkung der Bindungen bis hin zu den Ausdrucksformen der Hingabe und Leidenschaft. Shibari und Bondage sind nicht nur körperliche Handlungen, sondern vielmehr ein einzigartiges Ausdrucksmittel von Freiheit, Intimität, Sinnlichkeit und Vertrauen. Sie bieten Ihnen die Möglichkeit, eine tiefere Verbindung zu Ihnen selbst und Ihrem Partner einzugehen. Aus diesem Grund war die Reise durch die einzelnen Kapitel dieses Buches nicht bloß eine reine Anleitung zum Nachmachen, sondern vielmehr eine Einladung zur Selbsterkundung, zur persönlichen Entfaltung und zur Erweiterung der Grenzen Ihres individuellen Ausdrucks.

Mögen die Erkenntnisse, die Sie in diesem Buch gewonnen, und die Erfahrungen, die Sie gesammelt haben, als Wegweiser dienen, damit Sie die einzigartige Kunst des Fesselns auch in Zukunft weiter entdecken und tiefer in eine Welt der Freiheit und der Verbundenheit eintauchen können.